Lorenzo da Ponte, Wolfgang Amadeus Mozart

Der bestrafte Wüstling oder Don Juan

Heiteres Drama in zwei Aufzügen

Lorenzo da Ponte, Wolfgang Amadeus Mozart

Der bestrafte Wüstling oder Don Juan
Heiteres Drama in zwei Aufzügen

ISBN/EAN: 9783743676121

Hergestellt in Europa, USA, Kanada, Australien, Japan

Cover: Foto ©Thomas Meinert / pixelio.de

Weitere Bücher finden Sie auf **www.hansebooks.com**

DER BESTRAFTE WÜSTLING ODER DON JUAN.

HEITERES DRAMA IN ZWEI AUFZÜGEN

VON

LORENZO DA PONTE.

MUSIK VON

W. A. MOZART.

KLAVIERAUSZUG VON FRANZ WÜLLNER.

TEXTBEARBEITUNG VON HERMANN LEVI.

MÜNCHEN.

THEODOR ACKERMANN

KÖNIGLICHER HOF-BUCHHÄNDLER.

1897.

INHALT.

Erster Aufzug.

Zweiter Aufzug.

Anhang.

DON JUAN

Heiteres Drama in zwei Aufzügen

von

W. A. Mozart.

Ouverture.

Andante.

und Druck der Röderschen Officin in Leipzig

Molto allegro.
cresc.

fp
p
f

cresc.

attacca

ERSTER AUFZUG. / ATTO PRIMO.

No 1. Introduction. / No 1. Introduzione.

ERSTE SCENE.

Molto allegro.
Leporello.
Kei - ne Ruh bei Tag und Nacht, nichts was mir Ver - gnügen macht, schmale
Notte e gior - no fa - ti - car, per chi nul - la sa gra - dir; pio - va e
Kost und we - nig Geld, das er - tra - ge, wem's ge - fällt!
ven - to sop - por - tar, mangiar male, e mal dor - mir!
Ich will selbst den Her - ren ma - chen, mag nicht
Vo - glio far il gen - til - uo - mo, e non
län - ger Die - ner sein, mag nicht län - ger Die - ner sein, nein, nein, nein, nein, ich mag nicht
vo - glio più ser - vir, e non vo - glio più ser - vir, no, no, no, no, no, no, non

län - ger Die - ner sein. Gnäd'ger Herr.Ihr habt gut
ro - glio più ser - vir! Oh che ca - ro ga - lant-
la-chen! Tän-delt Ihr mit ei - ner Schö-nen.dann muss
uo - mo! Voi star den - tro col - la bel - la, ed io
ich als Wa - che fröh - nen. als Wa - che fröh - nen. als Wa - che fröh - nen!
far la sen - ti - nel - la, la sen - ti - nel - la, la sen - ti - nel - la!
Ich will selbst den Her - ren ma - chen. mag nicht
Vo - glio far il gen - til - uo - mo, e non
län - ger Die - ner sein. mag nicht län - ger Die - ner sein, nein, nein, nein,
vo - glio più ser - vir, e non vo - glio più ser - vir, no, no, no,

nein, ich mag nicht län - ger Die - ner sein! Doch was giebt's? Ich hö - re
no, no, no, non vo - glio più ser - vir! Ma mi par, che venga
pp
kommen! Doch was giebt's? Ich hö - re kommen, fort in's Dun-kel schnell hin-
gen - te, ma mi par, che ven-ga gen - te; non mi vo-glio far sen-
cresc.
ein, ja fort in's Dunkel schnell hin-ein! Fort in's Dun-kel schnell hin - ein, ja, ja, ja,
tir, ah! non mi voglio far sen - tir, non mi vo - glio far sen - tir, no, no, no.
p
(Er verbirgt sich.)
(Donna Anna hält Don Juan,
ja, fort, fort in's Dun-kel schnell hin-ein.
no, no, non mi vo-glio far sen-tir.
cresc.
welcher sein Gesicht zu verbergen sucht, fest am Arme.)
D.Anna.
Hoffe nicht, so lang ich
Non spe-rar, se non m'uc-
f
fp
fp

D. Juan.
ath - me, un - er - kannt zu fliehn von hier!
ci - di, ch'io ti la - sci fug - gir mai!
Wer ich bin, du thö - richt
Donna fol - le, indar - no
fp
fp
p
f
D. Anna.
Hoffe nicht, so lang ich athme, un - er -
Non spe rar, se non m'uc - ci - di, ch'io ti
Mädchen, nie erfährst du das von mir!
gri - di: chi son io, tu non sa - prai.
Wer ich bin, du thö - richt
Donna fol - le, indar - no
Lepor.
Welch ein Wirrwarr! O Gott, welch
Che tu - mul - to! oh ciel! che
kannt zu fliehn von hier, hof - fe nicht, un - erkannt zu fliehn von hier. Helft, o Leu - te, helft mir
la - sci fug - gir mai, non sperar ch'io ti la - sci fug - gir mai. Gen - te! servi, al tra - di -
Mädchen, nie erfährst du das von mir, nein, er - fährst es nie.
gri - di: chi son io, tu non sa - prai, no, tu non sa - prai.
Schreien! Neu - e Hän - del giebt es hier.
gri - di! il pa - dron in nuo - vi guai!
Armen! Ehr - ver - gessner! Ehr - ver -
to - re! Scel - le - ra - to! Scel - le -
D. Juan.
Still, sonst kenn' ich kein Er - barmen! Fort, Ver - wegne! Fort, Ver -
Ta - ci, e trema al mio fu - ro - re; Scon - si - gliata! Scon - si -
cresc.
p
cresc.
sfp

gessner! Hört mich Niemand? Gleich der Fu - rie will ich
ra - to! Gen - te, ser - vi! Co - me fu - ria di - spe -
wegne! Schweig' und zit - re! Dieser
glia - ta! Ta - ci, e tre - ma! Questa
Lepor.
Sei - ne tol - len A - ben - teu - er wer - den mein Ver - der - ben sein.
Sta a re - der che il ma - lan - dri - no mi fa - rà pre - ci - pi - tar.
ra - sen, dein Ver - der - ben werd' ich sein; gleich der Fu - rie will ich
ra - ta ti sa - prò per - se - gui - tar, co - me fu - ria di - spe -
Fu - rie tol - les Ra - sen, mein Ver - der - ben wird es sein, dieser
fu - ria di - spe - ra - ta mi vuol far pre - ci - pi - tar, questa
Welch ein Wirr - warr! O Gott, welch Schreien!
Che tu - mul - to! oh ciel, che gri - di!
ra - sen, will ich ra - sen. dein Ver -
ra - ta, di - spe - ra - ta ti sa -
Fu - rie tol - les Ra - sen, mein Ver -
fu - ria di - spe - ra - ta mi vuol
Sei - ne tol - len A - ben - teu - er werden mein Ver - der - ben
Sta a ve - der che il ma - lan - dri - no mi fa - rà pre - ci - pi -

der - - ben werd' ich sein Bleib Ver-
prò per se gui tar. Scel-le-
der - - ben wird es sein.
far pre - ci - - pi tar.
sein. sei-ne tol-len A-ben-teu-er wer-den mein Ver-der-ben sein.
tar, stua ve-der che il ma-lan-dri-no mi fa-rà pre-ci-pi-tar.
räther! Ehr-ver-gessner! Hört mich Niemand?
ra-to! Scel-le-ra-to! Gen-te! ser-vi!
Fort Ver-wegne! Fort Ver-wegne! Schweig' und
Scon-si-glia-ta! Scon-si-glia-ta! Ta-ci-e
Sei - ne tol-len A-ben-teu-er wer-den
Sua ve-der che il ma-lan-dri-no mi fa-
Gleich der Fu-rie will ich ra - sen. dein Ver-der-ben werd' ich
Co-me fu-ria di-spe-ra - ta ti sa-prò per-se-gui-
zit-re! Dieser Fu-rie tol-les Ra-sen, mein Ver-
tre-ma! Questa fu-ria di-spe-ra-ta mi vuol
mein Ver-der-ben sein. Welch ein Wirr-warr.
rà pre-ci-pi-tar. Che tu-mul-to!

sein, gleich der Fu - rie will ich ra - sen, will ich
tar, co - me fu - ria di - spe ra - ta, di - spe -
der - ben wird es sein, dieser Fu - rie tol - les
far pre - ci - pi - tar, questa fu - ria di - spe -
o Gott, welch Schrei - en!
oh ciel, che gri - di!
ra - sen. dein Ver - der - ben
ra - ta ti sa - pro per -
Ra - sen. mein Ver - der - ben
ra - ta mi ruol far pre -
Sei - ne tol - len A - ben - teu - er werden mein Ver - der - ben sein, sei - ne tol - len A - ben -
Sta a ve - der che il ma - lan - dri - no mi fa - rà pre - ci - pi - tar, sta a ve - der che il ma - lan -
werd' ich sein. dein Ver -
se gui - tar, ti sa -
wird es sein. mein Ver -
ci - pi - tar. mi ruol
teu - er werden mein Ver - der - ben sein, sei - ne tol - len A - ben - teu - er werden mein Ver - der - ben
dri - no mi fa - rà pre - ci - pi - tar, sta a ve - der che il ma - lan - dri - no mi fa - rà pre - ci - pi -

der - - ben werd' ich sein.
pro pre se gui tar.
der - - ben wird es sein.
far pre - ci - - pi - tar.
sein, sei-ne tol-len A-ben-teu-er wer-den mein Ver-der-ben sein.
tar, sta a ve-der che il ma-lan-dri-no mi fa-rà pre-ci-pi-tar.
ff
(Donna Anna lässt, da sie den Comthur kommen sieht, Don Juan los und eilt ins Haus.)
Comthur.
Lass' sie. Ver-
Lasciala, in-
ff
p
worf-ner, stell' dich zur Weh-re!
de-gno! bat-ti-ti me-co!
D. Juan.
Dich zu be-
Va, non mi
cresc.
f
p
sie-gen, wär' we-nig Eh-re!
de-gno di pugnar te-co!
Comthur.
Mit eit-lem Vor-wand weichst du mir
Co-si pre-ten-di da me fug-
f

D. Juan
Comthur.
aus? Ich mit dir käm - pfen? Nein! Mit eit-lem Vor-wan-de weichst du
gir? Va,non mi de - gno. no. Co-si pre - ten - di da me fug-
Lepor.
O könnt' ich heim - lich doch fort von hier!
Po-tes-si al - me - no di qua par - tir!
p
f
D. Juan.
mezza voce
Comthur.
D. Juan.
più voce
fp
aus? We - he dir! Her zu mir! We - he dir! Wohl
gir? Mi - se-ro! Bat-ti-ti! Mi - se-ro! Mi - - -
O könnt' ich heim - lich doch fort von hier!
Po-tes-si al - me - no di qua par - tir!
1
(Sie fechten.)
denn, so sei es: du willst den Tod!
se - ro! at - ten - di se vuoi mo - rir!
(Der Comthur sinkt, tödtlich getroffen, nieder.)
3
ff

Andante.
D.Juan.
Ha! Da liegt der Un - glück -
Ah! già cade il scia - gu -
Comthur.
Ach, zu Hül - fe! - Ach, zu Hül - fe! Weh, mich
Ah, soc - cor - so! son tra - di - to! L'as - sas -
Lepor.
Welch Ver - bre - chen!
Qual mis - fat - to!
Andante.
pp
con Pedale
sel - ge... meinem töd - lichen Streicher - liegend, bald aus
ra - to... af - fan - no - sa e a - go - niz - zan - te già dal
fas - sen To - desschmerzen... aus dem
si - no m'ha fe - ri - to... e dal
Welch ein Fre - vel! Ach, vor Schrecken und vor
Qual ec - ces - so! En - tro il sen dal - lo spa -
tief - durch - bohr - tem Herzen wird sein schwaches Leben fliehn, wird sein
se - no pal - pi - tante veg - go l'a - ni - ma par - tir, veg - go
tief - durch - bohr - ten Herzen fühl' ich
se - no pal - pi - tan - te sen - to
Za - gen fühl ich al - le Pul - se schla - gen! Soll ich blei - ben, soll ich
ven - to pal - pi - tar il cor mi sen - to! Io non so che far, che

schwa - ches Le - ben fliehn. bald aus tief - durch-bohr - tem
l'a - ni - ma par - tir. già. dal se - no pal - pi.
schon das Le - ben fliehn. fühl' ich
l'a - ni - ma par - tir. sen - - - - to
fliehn. soll ich bleiben. soll ich fliehn? Ach. vor Schre-cken und vor Za-gen fühl' ich al - le Pul-se
dir; io non so che far. che dir! en-tro il sen dal-lo spa-ven-to pal-pi-tar io cor mi
Her-zen wird sein schwa - ches Le - ben fliehn.
tan-te reg - - go l'a - ni - ma par - tir.
(stirbt.)
schon das Le - ben fliehn.
l'a - - ni - - ma par - - tir.
schla-gen. Soll ich blei-ben. soll ich fliehn. soll ich blei-ben. soll ich fliehn?
sen - to. io non so che far. che dir. io non so che far. che dir.
ZWEITE SCENE.
Rec. D. Juan. sotto voce
Lepor.
D. Juan.
Lepor.
Le-po-rel-lo. wo bist du? Ach lei-der bin ich hier! Und Ihr? Nun hier! Seid
Le-po-rel-lo. ove se - i? Son qui. per mia dis-gra-zia. E voi? Son qui. Chi è
p
D. Juan.
Ihr todt. o - der der Al - te? Wel-che Fra-ge. du Dummkopf! Der Al - te.
mor-to. voi o il vecchio? Che do - man-da da be - stia! il vec-chio.

Lepor.
Bra-vo! Zwei recht ar-ti-ge Stückchen! Die Toch-ter ver-füh-ren und den Va-ter er-
Bra-vo! Due im-pre-se leg-gia-dre! Sfor-zar la fi-glia ed am-maz-zar il
D.Juan.
Lepor.
mor-den! Er woll-te selbst sein Ver-der-ben! Doch Donn'An-na... was woll-te die?
pa-dre! L'ha vo-lu-to; suo dan-no! Ma Donn'An-na... cos' ha vo-lu-to?
D.Juan.
(mit der Geberde des Schlagens.)
Schweige. rei-ze mich nicht. Komm mit mir! O-der willst du et-wa auch was von mir?
Ta-ci. non mi sec-car! Vien me-co, se non vuoi, qual-che co-sa ancor tu.
fp
Lepor.
(Sie gehen ab.)
Ich will nichts, gnäd'-ger Herr, bin mäus-chen-still.
Non vo' nul-la, Si-gnor; non par-lo più.

DRITTE SCENE.

D. Anna.
D. Oct.
Schnell, dem Va-ter zu hel-fen lass'uns ei-len, o Freund! Ihn zu be-schü-tzen
Ah! del pa-dre in pe-ri-glio in soc-cor-so vo-liam! Tut-to il mio san-gue
fp
D. Anna.
opfr' ich freu-dig mein Le-ben: Doch wo ist der Ver-weg-ne? Hier muss er wei-len.
ver-se-rò, se bi-so-gna; ma dov' è il scel-le-ra-to? In que-sto lo-co.
fp

Nº 2. Recitativ und Duett. Nº 2. Recitativo e Duetto.

kal-tet durch den Hauch des To-des...
per-to del co-lor di mor-te...
M.D.
Kein O-dem hebt die Brust! Kalt sei-ne Glieder! O mein
Ei non re-spi-ra più! fred-de le membra! Pa-dre
Va-ter! bester Vater! theu-er-ster Vater! Ich wanke...
mi-o! ca-ro padre! pa-dre a-mato! io manco!
D. Oct.
Maestoso.
ich sterbe! Auf, bringet schnelle Hülfe der Heissge-liebten! O
io mo-ro! Ah, soc-cor-re-te, ami-ci, il mio te-so-ro! Cer-
zaudert nicht, bringt La-bung ihr, steht mir bei! Welch ein Jammer! Ach eilt, ich
ca-te-mi, re-ca-te-mi qualche o-dor, qual-che spir-to! Ah non tar-

(Zwei Diener entfernen sich.)
bit-te! O Anna! Freundin! Geliebte! Des Schmerzes Über-
da-te! Donn'Anna! spo-sa! a-mi-ca! Il duo-lo estremo
Andante.
p
sfp
D.Anna. D.Oct.
maass wird die Ärmste tö-ten. Ach! Sie erholt sich! Reicht ihr noch weit're Stärkung!
la meschi-nel-la ucci-de! Ahi! Già ri-vie-ne! da-te-le nuovi aju-ti!
p
D.Anna. D.Oct.
Ach, mein Va-ter! Ihr Freunde! dies O-pfer un-er-hör-ten Frevels berget schnell ih-ren
Pa-dre mi-o! Ce-la-te, al-lon-ta-nate agli occhi suoi quell'og-get-to d'or-
Bli-cken! O, du mein Leben! Er-ho-le dich!
ro-re. A-ni-ma mi-a, conso-la-ti!
p
Allegro.
D.Anna.
Er-wa-che! Flie-he, Verrä-ther, flie-he! Lass mich mein Le-ben en-den!
fa co-re! Fug-gi, cru-de-le, fuggi! La-scia che mora an-ch'i-o,
sf
sfp
p

Er starb von Mörder - hän-den, der mir das Le - - ben gab!
o - ra ch'è morto, oh Di - o! chi a me la vi - - ta diè.
mf
p
D. Oct.
Hör mich, o hör' Ge - lieb - te! Der dir sein Le - ben weihte, der
Sen - ti, cor mio, deh sen - ti, guar - dami un so - lo i - stante, ti
Freund steht dir zur Sei - te, dein Ei - - gen bis zum Grab! Bist du's, o
par - la il ca - ro a - mante, che vi - - ve sol per te. Tu sei... per-
D. Anna.
Freund, ver - zeih' mir! der Schmerz, der Jammer, ent - setzlich... Wo
don... mio be - ne, l'af - fan - no mi - o, le pe - ne... Ah! il
sfp
ist mein Vater, sprich? Dein Va - ter? Lass' Ge - lieb - te,
pa - dre mio dov' è? Il pa - dre! La - scia, o ca - ra,
D. Oct.
cresc.
f
sfp

lass der Erinnrung Leiden! Dein Gat-te beschirmt als Va-ter dich.
la rimenbranza a-mara. hai spo-so e pa - dre in me.
D. Anna.
Ach! Mein Va-ter, wo ist mein Va-ter, sprich?
Ah! il padre, il pa-dre mio dov' è?
mfp
p
cresc.
D. Oct.
Lass' Ge-lieb-te, lass' der Erinnrung Lei-den! Dein Gat - te, dein
La-scia, o ca-ra, la rimenbranza a-mara. hai spo - so e
sfp
mfp
Gat - te, dein Gat-te beschirmt als Va-ter dich!
pa - dre, hai spo-so e pa - dre in me.
D. Anna.
Auf! Schwöre mir, zu rä-chen die-ses vergoss'ne
Ah! ven-di-car, se il puo-i, giu-ra quel sangue o-

Maestoso.
D. Oct.
Adagio in tempo.
Blut! Ich schwöre. ich schwöre. ich schwörs bei dei-nen Thränen. bei
gnor! Lo giu-ro. lo giu-ro. lo giu-ro agli occhi tuo-i. lo
p
Tempo I.
D. Anna.
Mög' Gott, zu dem wir
Che giu-ra-mento, oh
uns-rer Lie-be Gluth!
giu-ro al no-stro amor!
Mög' Gott, zu dem wir
Che giu-ra-mento, oh
Tempo I.
p
cresc.
schwören. der Ra-che Ruf er-hö-ren! Er
De-i! che bar-ba-ro mo-men-to! Tra
schwören. der Ra-che Ruf er-hö-ren! Er
De-i! che bar-ba-ro mo-men-to! Tra
sfp
cresc.
sfp
p
spen-de Trost und Hül-fe ge-gen die herbe Pein! Ach welch ein
cento af-fet-ti e cen-to rammi ondeggiando il cor. tra cen-to af-
spen-de Trost und Hül-fe ge-gen die herbe Pein! Ach welch ein
cento af-fet-ti e cen-to rammi ondeggiando il cor. tra cen-to af-

Tag des Jam - mers brach ü - ber uns her - ein! Schwör' dies
fet - ti e cen - - to vammi ondeg - gian - do il cor. Ven - di-
Tag des Jam - mers brach ü - ber uns her - ein!
fet - ti e cen - - to vammi ondeg - gian - do il cor.
sfp
sfp
p
f
Blut zu rächen, schwö - re!
car quel sangue giu - ra!
Ich schwöre bei dei - - nen
Lo giu - ro a - gli oc - - chi
p
f
p
Thränen, bei uns - rer Lie - be Gluth!
tuo - i, al no - - stro a - mor!
D. Anna.
Mög' Gott, zu dem wir schwören der Ra - che Ruf er-
Che giu - ra - mento, oh De - i! che bar - ba - ro mo-
Mög' Gott, zu dem wir schwören der Ra - che Ruf er-
Che giu - ra - mento, oh De - i! che bar - ba - ro mo-
cresc.
sfp
cresc.

hö - ren! Er spen-de Trost und Hül - fe ge - gen die her-be
men - to! Tra cen - to affet - ti e cen - to vammi ondeggiando il
hö - ren! Er spen-de Trost und Hül - fe ge - gen die her-be
men - to! Tra cen - to affet - ti e cen - to vammi ondeggiando il
sfp
p
Pein! Ach welch ein Tag des Jam - mers brach ü - ber uns her-
cor, tra cen - to af - fet - ti e cen - - to vammi ondeg - gian - do il
Pein! Ach welch ein Tag des Jam - mers brach ü - ber uns her-
cor, tra cen - to af - fet - ti e cen - - to vammi ondeg - gian - do il
sfp
sfp
p
ein, ach welch ein Jammer brach her - ein! welch ein Jam - mer brach her-
cor, vammi on - deg - giando il cor, il cor! vam - mi on - deg - gian - do il
ein, Welch ein Tag des Jammers brach her - ein, welch ein Jam - mer brach her-
cor, vammi ondeggian - do, vammi ondeggian - do il cor, vam - mi on - deg - gian - do il
cresc.
f
p
ein, ach welch ein Jam - mer brach her - ein. welch ein
cor, vam - mi on - deg - gian - do il cor, il cor vam - mi on-
ein! Welch ein Tag des Jam - mers brach her - ein, welch ein
cor, vammi ondeggian - do, vammi ondeggian - do il cor, vam - mi on-
cresc.
f
p

Jammer brach her-ein, brach ü - ber uns_ herein. brach ü - ber
deg - giando il cor, ram - mi on-deg - gian-do il cor. ram-mi ondeg-
Jammer brach her-ein, brach ü - ber uns_ herein. brach ü - ber
deg - giando il cor, ram - mi on-deg - gian-do il cor. ram-mi ondeg-
f
p
uns her - ein, brach ü - ber uns_ her-ein. brach ü-ber uns her-
gian-do il cor, ram - mi on-deg - gian-do il cor. ram-mi ondeggiando il
uns her - ein, brach ü - ber uns_ her-ein, brach ü-ber uns her-
gian-do il cor, ram - mi on-deg - gian-do il cor. ram-mi ondeggiando il
f
p
ein, ach wel - che her - be Pein, ach wel - che her - be Pein brach auf uns her-
cor, ram - mi on - deggian-do il cor, ram - mi on - deggian-do il cor, on - deg-gian-do il
ein, ach wel - che her - be Pein, ach wel - che her - be Pein brach auf uns her-
cor, ram - mi on - deggian-do il cor, ram - mi on - deggian-do il cor, on - deg-gian-do il
cresc.
ein!
cor.
(Beide ab.)
ein!
cor.
Verwandlung
f
f

VIERTE SCENE.

Recit.
D. Juan.
Wohl-an, her-aus mit der Spra-che. was begehrst du?
Or - su, spic-cia - ti pre - sto... Co - sa vuo - i?
Lepor.
Was mir am Her-zen
L'af - far, di cui si
liegt, ist sehr wich - tig.
trat-ta, è im - por - tan - te.
D. Juan.
Na - tür - lich!
Lo cre - do.
Lepor.
Von höchster Wichtigkeit.
È impor - tan - tis - si - mo.
D. Juan.
De - sto bes - ser her-aus da mit!
Me-glio an - co - ra, fi - nis - ci - la!
Lepor.
Erst schwört mir, mich ru - hig an - zu - hö - ren.
Giu - ra - te di non an-dar in col - le - ra.
D. Juan.
Ich schwörs bei mei - ner Eh - re, nur den Com - thur, den lass mir aus dem Spie - le.
Lo giu - ro sul mio o - no - re, pur - chè non par - li del Commen - da - to - re.
Lepor.
Sind wir al - lein?
Sia - mo so - li?
D. Juan.
Du siehst es.
Lo ve - do.
Lepor.
Und Niemand hört uns?
Nes - sun ci sen - te?
D. Juan.
Nein!
Via!
Lepor.
Und Ihr er - laubt mir,
Vi pos - so di - re

D. Juan. Lepor.
frei und of-fen zu sprechen? Ja. Nun wenn dem so ist, mein theuer-ster Ge-bie-ter: Eu-er
tut-to li-be-ra-men-te? Sì. Dunque, quand'è co-sì, ca-ro Signor pa-dro-ne, la
fp
(in's Ohr, sehr laut.)
D. Juan.
Le-ben gleicht auf ein Haar dem ei-nes Schel-men. Ha. Vermessner, welche Sprache?
vi-ta che me-na-te è da bric-co-ne. Te-me-ra-rio! in tal gui-sa...
Lepor. D. Juan.
Wo bleibt der Schwur? Ich weiss von kei-nem Schwur; schweige, wo
E il giu-ra-men-to? Non sò di giu-ra-men-to; ta-ci, o
fp
Lepor. D. Juan.
nicht... Ich bin ja still, sag' nicht ein Sterbenswörtchen. So sind wir wieder Freunde. Jetzt eine Frage:
ch'io Non parlo più, non fia-to, o padron mi-o. Co-sì sa-re-mo a-mi-ci. Or odi un poco:
Lepor.
Kennst du den Grund meines Hierseins? Ich wüss-te kei-nen, doch da der Mor-gen
Sai tu, per-chè son qui? Non ne so nul-la, ma, essen-do l'al-ba
däm-mert, gilt's vermuth-lich ei-ner neu-en Er-ob'-rung. Dies wär'
chia-ra, non sa-reb-be qual-che nuo-va con-qui-sta? Io lo

D. Juan.
wich-tig für un-ser Re-gi-ster. Ei ei, wie schlau du bist! Nun denn, so
de-vo sa-per, per por-la in li-sta! Va là, che sei il grand'uom! Sap-pi ch'io
wis-se: ich glü-he für ei-ne rei-zen-de Don-na und auch sie liebt mich in-nig;
so-no in-na-mo-ra-to d'u-na bel-la Da-ma, e son cer-to che m'a-ma,
ich sah sie, ich beschwor sie, und heu-te A-bend kommt sie zu mir in mein
la vi-di, le par-la-i; me-co al ca-si-no que-sta not-te ver-
Lepor.
Schlösschen. Doch still, mir ist ich ath-me süs-sen Wei-ber-duft. Al-le
rà. Zit-to! mi pa-re sen-tir o-dor di fem-mi-na. Co-
D. Juan. Lepor.
Wet-ter! Wel-che fei-ne Na-se! Die Gestalt, o wie reizend! Und welch feines Au-ge!
spet-to! che o-do-ra-to per-fet-to! All' a-ria mi par bel-la. E che occhio, di-co!
D. Juan. Lepor.
Lass'bei Sei-te uns ge-hen, das Ter-rain zu son-di-ren. Er brennt schon wieder!
Ri-ti-ria-moci un po-co, e sco-pria-mo terren. Già pre-se fo-co!
attacca

No. 3. Arie. No. 3. Aria.

FÜNFTE SCENE.

Allegro.

Donna Elvira.
Ach werd' ich ihn wohl finden, der Lie-be mir verhiess der schmeichelnd mich be-
Ah chi mi di-ce ma-i quel bar-ba-ro dov'è? che per mio scor-no a-
thör-te und treu-los dann ver-liess. treu - - los mich dann ver-
ma-i, che mi man-cò di fè, che mi man-cò di
liess Find' ich den Ehr - ver-gessnen
fè? Ah, se ri-tro - vo l'empio

fühl - los für all mein Leid. dann
e a me non tor - na an - cor, vo'
sfp
sfp
cresc.
werd' ihm Schmach und Schande. dem Tod sei er geweiht, dem Tod sei er ge-
far - ne or - ren - do scempio, gli vo' ca - var il cor, gli vo' ca - var il
fp fp fp fp fp fp
f
f
D. Juan.
D. Elv.
weiht. Vernahmst du. ei - ne Schö - ne, ver - las - sen vom Ge - liebten. Dann
cor. U - di - sti? qualche bel - la dal va - go abban - do - na - ta. Vo'
p
D. Juan.
werd' ihm Schmach und Schande, dem Tod sei er geweiht! Ar - mes Mädchen, ar - mes
far - ne or - ren - do scem - pio, gli vo' ca - var il cor. Po - ve - ri - na! Po - ve-
fp fp fp fp fp fp
p
D. Elv.
Mädchen! Dem Tod sei er ge - weiht, ja, dem Tod sei er ge-
ri - na! Gli vo' ca - var il cor, sì, gli vo' ca - var il
f
p
f

D. Juan.
Lepor.
weiht. Es wird schon, sie zu trösten, mir ge - lingen! So sah ich ihn schon Tausenden Tröstung
cor. Cerchiam di con so - la - re il suo tor - mento. Co - sì ne con - so - lò mille e ot - to -
D. Elv.
bringen! Ach, werd' ich ihn wohl finden, der Lie - be mir ver-
cen - to. Ah! chi mi di - ce ma - i quel bar - ba - ro dov'
hiess. der schmeichelnd mich be - thör - te und treu - los dann ver-
è? Che per mio scor - no a - ma - i, che mi man - cò di
liess. treu - - los mich dann ver - liess!
fè, che mi man - cò di fè?
cre - scen - do
Find' ich den Ehr - - ver - gessnen fühl - - los für
Ah, se ri - tro - - vo l'em - pio e a me non

all mein Leid. dann werd' ihm Schmach und Schande, dem
tor - na an - cor, vo' far - ne or-ren - do scem-pio, gli
fp fp fp fp
cresc.
D. Juan. D. Elv.
Tod sei er ge-weiht! Ar-mes Mädchen, armes Mädchen! Dem Tod sei er ge-
vo' ca-var il cor! Po-ve - ri - na! Po-ve - ri - na! Gli vo' ca - var il
fp fp p f p
D. Juan.
weiht, ja, dem Tod sei er ge-weiht. Es wird schon, sie zu trö-sten mir ge-
cor, sì, gli vo' ca - var il cor. Cerchiam di con-so - la - re il suo tor-
f p
D. Elv.
Dann wer-de Schmach und Schan - -
Gli vo' ca - ra - - - - - -
Lepor.
lin-gen! So sah ich ihn schon Tau-senden Tröstung bringen.
mento. Co-sì ne con-so - lò mille e ot - to - cen-to.
- - de ihm zu Theil, dann werde Schmach und Schan - - - - de
re il cor, gli vo' ca - va - - - - - - - -
f p

ihm zu theil. dem Tod sei er ge-weiht. dem Tod ge-
- - re il cor. gli ro' ca-var il cor ca - rar il
cresc.
D. Juan.
D. Elv.
weiht! Schö - ne Don-na! Schö - ne Don - na! Wer
cor! Si - guo ri - na! Si - guo - ri - na! Chi è
cresc.
Recit.
D. Juan.
Lepor.
D. Elv.
naht? Himmel, was seh ich? O herrlich Donna El-vi-ra! Don Ju - an Du hier
lù? stel-le! che re-do! (Oh bel-la! Donna El-vi-ra!) Don Gio - ranni! Sei qui
fp
ehr - lo - ser Wicht, mein-eid'-ger Frev - ler (Ei, was für schö-ne Ti - tel
mo - stro! fel - lon! ni - do d'in - gan - ni! (Che ti - to - li cruscan - ti!
D. Juan.
die kennt meinen Herrn ja vor - trefflich!) Ach, theure Donna El-vi-ra, beschwichtigt eu-ren
manco ma - le che lo co-nosce be - ne!) via, ca-ra Donna El-vi-ra, cal - ma - te quel-la
D. Elv.
Zorn. Ich bit - te, ver - gönnt mir nur ein Wort. Was kannst du sa-gen
col - le - ra; sen - ti - te... la - scia - te-mi par - lar! Co - sa puoi di - re,

nach so schwerem Fre-vel? Du drängtest schmeichelnd dich in mei-ne Nä-he.
do-po a-zion sì ne-ra? In ca-sa mi-a en-tri fur-ti-va-men-te.
mit tausend Künsten, mit falschen Ei-den ge-lang es, Frevler, dir end-lich, mein ar-mes
a for-za d'ar-te di giu-ra-menti e di lusin-ghe ar-ri-vi a se-
Herz zu be-thören und auf im-mer zu fesseln; Du nanntest mich Gattin und dann miss-
durreil cor mi-o; m'in-na-mo-ri, o cru-de-le! mi di-chia-ri tua spo-sa; e poi, man-
ach-tend die heil'gen Rechte des Himmels und der Er-de ent-fern-test du dich
can-do del-la terra e del ciel al san-to drit-to, con e-nor-me de-lit-to
still wie ein Dieb nach drei Ta-gen aus Bur-gos mich ver-las-send, ent-
do-po tre dì da Bur-gos t'al-lon-ta-ni, m'ab-ban-do-ni, mi
lento
fliehst du und giebst der Reu-e mich Preis und bittren Thränen, mich die so treu und
fug-gi, e las-ci in preda al ri-mor-so ed al pian-to, per pe-na for-se

Lepor.
D. Juan.
in-nig dich ge-liebt! Ah, sie spricht wie ein gedrucktes Buch! O, wenn Ihr wüsstet
che t'a-mai co-tan-to. (Pa-re un li - bro stam-pa-to!) Oh in quanto a que-sto
(zu Lepor.)
Lepor.
wel-che Grün-de mich zwangen. Ist's nicht so? Wahr-haf-tig, die
eb-bi le mie ra-gio-ni! È ve-ro? È ve-ro.
D. Elv.
al-ler-stärksten Gründe. Und wel-che Grün-de, wenn nicht fre-vel-haf-ter
e che ra-gio-ni for-ti! E qua-li so-no, se non la tua per-
Leichtsinn und Treubruch oh-ne Gleichen? A-ber ge-recht ist der Himmel; ich fand dich
fi-dia, la leg-ge-rez-za tu-a? Ma il giu-sto cie-lo vol-le ch'io ti tro-
fp
D. Juan.
wie-der um mich und ihn an dir zu rä-chen. Hör' auf zu schmähen und sei ver-
vas-si per far le sue, le mie ven-det-te. Eh vi-a, sia-te più ra-gio-
cresc.
fz
sf
nünf-tig. (Wahrhaf-tig, das Weib macht mir heiss.) Willst meinen Wor-ten du nicht
ne-vo-le. (Mi po-ne a ci-men-to co-stei.) Se non cre-de-te al lab-bro
p

Lepor.
D. Juan.
glauben, so glau-be doch diesem Eh-renmann. (Mit Vor-be-halt) Komm und er -
mi - o, cre-de-te a questo ga-lant - uo - mo. (Sal-vo il ve - ro.) Via, dil-le un
Lepor (leise).
D. Juan (schleicht sich fort).
D. Elv.
zäh - le... Was soll ich denn er-zäh-len? Ja, ja, sag' ihr nur Al - les! Wohl -
po - co... E co - sa de - vo dir - le? Sì, sì, dil - le pur tut - to. Eh -
Lepor.
an, so re - de. Wahr - haf - tig, schö - ne Don - na, sin - te -
ben, fa pre - sto. Ma - - da - ma... ve - ra - men - te... in que-sto
D. Elv.
ma-len und all-die-weil es männiglich be - kannt, dass ein Viereck nicht rund ist... Ha, Ver -
mon-do... con-cios-sia co - sa quando fos-se che il qua-dro non è ton - do... Sciagu -
(zu Don
mess-ner! Du wagst es, mei - ner Lei - den noch zu spot - ten! Und
ra - to! co - sì del mio do - lor gio - co ti pren - di? Ah
Juan, den sie noch anwesend glaubt.)
Lepor.
du...Himmel, der Frevler ent - wich, we-he mir Ar-men! Wo-hin floh er? Ach, so
coi...stel-le! l'i - ni-quo fug - gì! Mi-se - ra me! do - ve? in qual par-te? Eh! la -

D. Elv.
lasst ihn nur laufen, nein, er verdient nicht dass Ihr sein noch geden-ket. O der Ver-
scia-te che va-da: e-gli non mer-ta che di lui ci pen-sia-te. Il scel-le-
Lepor.
bre-cher, der mich Aerm-ste ver-rieth. Gebt Euch zu-frie-den, denn Ihr
ra-to! m'in gan-nò, mi tra-dì... Eh, con-so-la-te-vi, non sie-te
seid. Ihr wa-ret und Ihr wer-det nicht die Er-ste noch
voi, non fo-ste e non sa-re-te nè la pri-ma, nè
letz-te sein! Hier seht nur Dies cor-pu-len-te Büch-lein, da sind ver-
l'ul-ti-ma: guar-da-te que-sto non pic-ciol li-bro; è tut-to
Moderato.
zeichnet die Na-men seiner Schönen; je-des Städtchen, je-des Dörfchen ringsum im
pie-no dei no-mi di sue bel-le; o-gni vil-la o-gni bor-go, o-gni pa-
Rei-che kennt mei-nen Herrn und sei-ne lo-sen Strei-che.
e-se è te-sti-mon di sue don-nesche im-pre-se.

Nº 4 Arie. Nº 4. Aria.

hier in Deutschland zweihun-dert und dreissig.
in Al - ma - gna due cen-to e trent' u - na.
p
f
hun - dert in Frank - reich und neun-zig in Persien, a - ber in Spa - nien,
cen - to in Fran - cia, in Turchia novant' u - na; ma, in I - spa - gna,
p
sf
p
ja, in Spanien schon tau-send und drei, tausend und drei,
ma in I - spa-gna son già mil - le e tre, mil-le e tre,
sfp
tausend und drei! Hier ein schlichtes Bauernmädchen
mil-le e tre! V'han fra que-ste con-ta - di-ne,
dort die Schönste aus dem Städtchen Kammer-zo-fen, Baro - nessen,
ca-me - rie - re, cit - ta - di - ne v'han contes-se, baro - nesse,

hoch-ge-bo-re-ne Prin-zessen, Mädchen sind's von jedem Stande, je-der Gattung und Ge-
mar-che sa-ne, princi - pes-se, e v'han don - ne d'ogni grado, d'o-gni for-ma, d'o-gni e-
cre - - scen - - do
stalt, schön und hässlich, jung und alt! In I-
tà, d'o - gni for-ma, d'o gni e - tà. In I-
ta-lien sechshun-dert und vier-zig, da in
ta - lia sei cen - to e qua-ran - ta, in Al-
Deutschland zweihun-dert und dreissig, hun - dert in
ma - gna due cen - to e trent' u - na, cen - - to in
Frank - reich und neun - zig in Persien, a - ber, a - ber in Spanien,
Fran - cia, in Tur-chia no - vant' u - na, ma, ma... ma in I - spagna,

ach in Spa-nien schon tau-send und drei. tausend und drei.
ma in I-spa-gna son già mil-le e tre, mil-le e tre,
sfp
tausend und drei. Hier ein schmuckes Bauern - mädchen, dort die schönste aus dem
mil-le e tre! V'han fra que-ste con-ta - di-ne, ca-me-rie-re, cit-ta -
fz
Städtchen Kammerzofen, Baro - nessen, hochgebo-re-ne Prin-zessen. Mädchen sind's von jedem
di-ne, v'han contesse, baro - nes-se, marche-sa-ne, princi - pesse, e v'han don-ne d'ogni
fz
cresc.
Stande, jeder Gattung und Gestalt, schön und häss - lich, jung und
grado, d'ogni forma, d'ogni e-tà! d'o - gni for - ma, d'o - gni e - -
f
f p f p f p f p f p
alt. schön und häss - lich, jung und alt.
tà d'o - gni for - ma, d'o-gni e - tà!
f p f p
cresc.
f

Andante con moto.
Bei Blon - di - nen preist er vor Al - lem hol - de Anmuth und sanf-tes
Nel - la bion-da e - gli ha l'u - san - za di lo - dar — la gen - ti -
p
fp
- We - sen bei Brü - net-ten fe - ste treue bei den
lez - za; nel - la bru - na, la co - stanza: nel - la
f
p
Blas - sen sü - sses Schmachten. Vol - le sucht er für den
bian - ca la dol - cez - za. Vuol d'in - ver - no la gras -
Win - ter für den Som - mer schlanke Kinder. Gro - sse
sot - te, vuol d'e - sta - te la ma-grotta; è la
cre - scen - do
f p
liebt er gra - vi - tä - tisch. ernst und
gran - de ma - e - sto - sa, è la
f p f p

vor - - nehm, ma - - - jes - tä - - - - - -
gran - - de ma - - - e - sto - - - - - -
cre - - scen - - - do
f
- - - - - - tisch. Doch die Kleine, doch die Klei-ne, doch die
- - - - - - sa, la pic-ci-na, la pic-ci-na, la pic-
p
Kleine, ja die Kleine, ja die Kleine, ja die Klei-ne, ja die Kleine, ja die Kleine, ja die
ci-na, la pic-ci-na, la pic-ci-na, la pic - ci-na, la pic-ci-na, la pic-ci-na, la pic-
Kleine, die sei pos - sier - lich, die sei ma - nier - lich, sei fein und zier-lich.
ci-na è o-gnor vez - zo - sa, è o-gnor vez - zo - sa, è o-gnor vez - zo - sa;
Dass dies Büchlein Stoff er - hal-te, schwärmt er manchmal auch selbst für
Del - le vec-chie fa con-qui-sta pel pia - cer di por-le in
p
fp
p

Al - te. Doch wofür er immer glühte. ist der Jugend er-ste
li - sta; sua passion predomi - nante è la gio-vin princi-
Blüthe. Da's ihm gleich ist, ob sie bleich ist, ob sie
piante; non si pic - ca, se sia ric - ca, se sia
bet - telt o-der reich ist, ob sie bet-telt o-der ob sie reich ist, kirrt er
brut - ta, se sia bel - la, se sia ric-ca, brutta, se sia bel - la; pur-chè
cre - scen - do
Wei-ber je - der Sor - te. Nun, Ihr wisst ja wie's da
por-ti la gon - nel - la, voi sa - pe - te quel che
geht, nun Ihr wisst ja, wie's da geht. Doch wo - zu auch all die
fa, voi sa pe - te quel che fa, pur che por - ti la gon-

Wor-te.kennt ja selbst ihn ganz ge - nau.kennt ja selbst ihn. kennt ja
quel-la, voi sa - pe - te quel che fa. voi sa - pe - te, voi sa -
mf
p
selbst ihn ganz ge - nau ganz ge - nau. ganz ge - nau.
pe - te quel che fa, quel che fa, quel che fa,
(Er geht ab.)
kennt ja selbst ihn ganz ge - nau!
voi sa - pe - te quel che fa.
f

SECHSTE SCENE.

*) Recitativ.

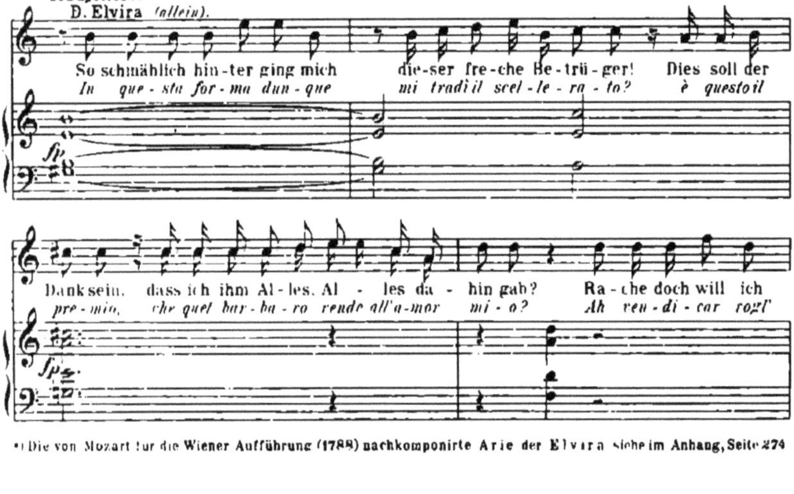
D. Elvira (allein).
So schmählich hin-ter ging mich die-ser fre-che Be-trü-ger! Dies soll der
In que - sta for - ma dun - que mi tradì il scel - le - ra - to? è questo il
fp
Dank sein, dass ich ihm Al - les, Al - les da - hin gab? Ra - che doch will ich
pre - mio, che quel bar - ba - ro rende all'a - mor mi - o? Ah ven - di - car vogl'
fp

*) Die von Mozart für die Wiener Aufführung (1788) nachkomponirte Arie der Elvira siehe im Anhang, Seite 274

nehmen für mein blu-ten-des Herz: Eh' er ent-fliehet, muss Ver-geltung ich finden. Nur ein Ge-
i - o l'ingan - na - to mio cor: pria ch'ei mi fugga si ri - cor-ra, si va-da, io sento in
(Sie geht ab.)
dun-ke füllt die See-le mir noch: Zorn und Ver-achtung.
pet - to sol ven-det - ta par - lar, rab-bia e di-spet - to.

Nº 5.

Masetto und Zerlina mit singenden, spielenden und tanzenden Bauern und Bäuerinnen.

SIEBENTE SCENE.
Allegro.

Zerlina.
O ihr
Gio-ri-

Mäd-chen, zur Lie-be ge - bo-ren, zur Lie-be ge - bo-ren, auf be - nüt-zet die blü-hen-de
net - te che fa-te all' a - mo-re, che fa-te all' a mo-re, non la - scia - te che pas-si l'e-
Zeit, die blü-hen-de Zeit, die blü-hen-de Zeit! Wenn ihr schmach-tet, in Seh-nen ver-
tà, che pas-si l'e-tà, che pas-si l'e-tà! Se nel se - no vi bu-li-ca il
lo-ren, in Seh-nen ver - lo-ren seht die Hül-fe, sie ist schon be - reit! A!
co-re, vi bu-li-ca il co-re, il ri-me-dio ve de-te - lo quà Ah!
Chor der Bäuerinnen.
O die Freu-de, die Freu-de, ist da! A! O die
Che pia-cer, che pia-cer che sa-rà! Ah! Che pia-
Mas.
Freu-de, die Freu-de ist da! Tra-la-le-ra-la tra-la-le-ra-la! O ihr
cer, che pia-cer che sa-rà, la la la le-ra, la la la le-ra! Gio-ri-
f
p
f
p
f
p

Bur-sche mit flatterndem Her-zen mit flatterndem Her-zen, schwärmet ja nicht zu lan-ge um-
net - ti leg - gie - ri di tes - ta, leg - gie - ri di tes - ta, non an - da - te gi - ran - do di
her, so hin und her, so hin und her! Wohl er - göt - zet das Tän-deln und
quà e là, e là, e quà e là; po - co du - ra de' mat - ti la
Scherzen, das Tändeln und Scherzen, doch ein Weib - chen er - freu - et noch mehr, es er - freu - et noch
fe - sta, de' mat - ti la fe - sta; ma per me co - min - cia - to non ha, co - min - cia - to - non
Chor der
mehr — A! o die Freu - de, die Freu - de ist da. A!
ha. — Ah! che pia - cer, che pia - cer che sa - rà! Ah!
Bauern.
O die Freu - de, die Freu - de ist da, Tra - la le - ra - la, tra - la - le - ra -
che pia - cer, che pia - cer che sa - rà, la la la le - ra! la la la le -
fz p
fz p

Zerl.
Komm! o kom-me, Ge-lieb-ter, zum Fe - ste, lasst uns tan-zen und sin-gen, ihr
Vie - ni, vie - ni, ca - ri - no, go - dia - mo, e can - tiamo, e bal - lia-mo, e suo-
Mas.
la! Komm! o kom-me, Ge-lieb-ter, zum Fe - ste, lasst uns tan-zen und sin-gen, ihr
ra! Vie - ni, vie - ni, ca - ri - na, go - dia - mo, e can - tiamo, e bal - lia mo, e suo-
p
p
Gä - ste, lasst uns tan-zen und singen, ihr Gä - ste! O die Freu - de, die Freu-de ist da! A!
nia - mo; vie - ni, vie - ni, ca - ri - no, go - dia - mo; che pia - cer, che pia - cer che sa - rà! Ah!
Gä - ste, lasst uns tan-zen und singen, ihr Gä - ste! O die Freu - de, die Freu-de ist da! A!
nia - mo; vie - ni, vie - ni, ca - ri - na, go - dia - mo; che pia - cer, che pia - cer che sa - rà! Ah!
Chor der Bäuerinnen.
o die Freu-de, die Freu-de ist da! A!
che pia - cer, che pia - cer che sa - rà! Ah!
Chor der Bauern.
o die Freu-de, die Freu-de ist da! A!
che pia - cer, che pia - cer che sa - rà! Ah!
f
O die Freu - de, die Freu-de ist da. Tra - la - le - ra, la - re - ra, la - re - ra,
che pia - cer, che pia - cer che sa rà la la la le - ra, la la la la le -
O die Freu - de, die Freu-de ist da. Tra - la - le - ra, la - re - ra, la - re - ra,
che pia - cer, che pia - cer che sa rà la la la le - ra, la la la la le -
fz f

la.tra-la-le-ra. la-le-ra. la-le-ra la!
ra. la la la le - ra la la la la le - ra!
la.tra-la-le-ra. la-le-ra. la-le-ra la!
ra. la la la le - ra la la la la le - ra!
fz f
ACHTE SCENE.
Rec. D. Juan.
Gott sei Dank, dass sie fort ist. Ei sieh da, sieh da, das schmucke junge Volk, die hübschen
Man-co ma-le, è par-ti-ta: oh, guar-da, guar-da, che bel - la gio-ven-tù, che bel-le
Lepor.
Mäd-chen! Nun un-ter so vie-len wird wohl auch für mich sich et - was
don - ne! Tra tan - te per mia fè, ci sa - rà qual-che co - sa anche per
D. Juan.
fin - den. Seid ge-grüsst lie - be Freun - de! Lasst euch nicht stö - ren in eu - rer
me. Ca - ri a - mi - ci, buon gior - no! se - gui - ta - te a sta-re al - le - gra -
Freu-de, singt und spielt im-mer zu, ihr gu-ten Leut-chen. Hier giebt's wohl ei - ne Hoch-zeit?
men - te, se - gui - ta - te a suo-nar, o buo-na gen - te! C'è qual - che spo sa - li - zio?

Zerl.
D. Juan.
Ja, gnäd-ger Herr. und ich bin die Braut Ei, das freut mich! Der
Sì, Si - gno - re, e la spo - sa son io. Me - ne con so - lo. Lo
Mas.
D. Juan.
Bräut-gam? Ich, Euch zu die - nen Vor - treff - lich! „Mir zu die - nen!" Das heisst ge -
spo - so? Io, per ser - vir - la. Oh bra - co! per ser - vir - mi: questo è
Lepor.
Zerl.
spro-chen wie ein rech - ter Eh-ren-mann. Ja, wie ein richt'-ger E - he-mann. O, mein Ma -
ve - ro par-lar da ga-lant-uo - mo. Ba-sta che sia ma - ri - - to! Oh, il mio Ma -
D. Juan.
set - to hat das be - ste Herz Ganz wie ich sel - ber. Da - rum lasst uns
set - to è un uom d'ot - ti - mo co - re. Oh anch' io, ve - de - te! Vo - glio che sia-mo a -
Zerl.
D.Juan.
Mas.
Freun - de sein. Wie ist dein Na - me? Zer - li - na. Der dei - ne? Ma -
mi - - ci: Il vo - stro no - me? Zer li - na. E il tu - o? Ma -
D. Juan.
set - to Nun denn mein lie - ber Ma - set - to, und mei - ne theu - re Zer - li - na
set - to. Oh, caro il mio Ma - set - to! ca - ra la mia Zer - li - na!

Lepor.
ich ver-sich-re euch meiner Huld und Gna-de. Le-po-rel-lo? Schlingel, was soll das heissen? Auch
te-si-bis-co la mi-a pro-te-zio-ne. Le-po-rel-lo? co-sa fai lì, bir-bo-ne? Anch'
D. Juan.
ich, gnä-di-ger Herr ich ver-sich-re die Leut-chen mei-ner Gna-de. Hur-tig,
io, ca-ro pa-dro-ne, e-si-bis-co la mia pro-te-zio-ne. Pre-sto.
füh-re sie fort und brin-ge gleich al-le-sammt sie in mein Schlösschen ver-
va con co-stor: nel mio pa-laz-zo con-du-ci-li sul fat-to:
sor-ge sie reich-lich mit Cho-ko-la-de, Ca-fe, Wein und fei-nen Spei-sen, sor-ge für Un-ter-
or-di-na ch'ab-bia-no cioc-co-la-te, caf-fè, vi-ni, pre-sciut-ti; cer-ca di-ver-tir
hal-tung, zei-ge ih-nen den Gar-ten, mei-ne Ge-mäl-de, die Sä-le
tut-ti, mo-stra lo-ro il giar-di-no, la gal-le-ri-a, le ca-me-re;
und vor Al-lem gieb mir acht, das Mas-set-to recht ver-gnügt ist. Du ver-
in ef-fet-to fa che re-sti con-ten-to il mio Ma-set-to; hai ca-

Lepor.
(zu den Bauern.)
Mas.
D. Juan.
stehst mich? Ich ver-ste-he. Nun kommt! Doch gnäd'ger Herr... Nun was
pi - to? Ho ca - pi - to: An - diam! Si - gno - - re... Co - sa
Mas.
Lepor.
giebt's? Oh-ne mich kann Zer-li-na nicht blei-ben. Die Ex-cel-lenz bleibt un-ter-dess bei Zer-
c'è? La Zer - li - na sen - za me non può star. In vo-stro lo - co ci sa - rà sua Eccel-
li - na und wird ge-wiss ganz vor-treff-lich dich ver-tre-ten. O dein Zer-
len - za, e sa-prà be - - ne fa - re le vo - stre par - ti. Oh, la Zer -
D. Juan.
lin-chen be-schützt ein Ca-va-lier. Drum geh, wir fol-gen in Kur-zem dir nach. Geh,
li - na è in man d'un Ca - va - lier: Va pur, fra po-co el-la me-co ver-rà. Va,
Zerl.
sei nicht ängstlich, dein Zer-lin-chen be-schützt ein Ca-va-lier. Gra-de da-rum.
non te - me - re; nel-le ma-ni son io d'un Ca-va-lie-re. E per que-sto?
Mas.
Zerl.
Gra-de da-rum kannst du ganz ru-hig sein. Nein, al-le Teu-fel Hol-
E per que-sto non c'è da du-bi-tar. Ed io, co spet-to... O -
Mas.
D. Juan.
fp

(an den Degen greifend)
la! ge-nug der Wor-te nun! Wo-fern du nicht so-gleich und oh-ne Wi-der-re-de
là! fi-niam le di-spu-te! Se su-bi-to senza al-tro re-pli-car non te ne
fort-gehst, Ma-set-to, nimm dich in Acht, wirst du's be-reu-en!
ca-i, Ma-set-to, guar-da ben, ti pen-ti-ra-i!

Nº 6. Arie. **Nº 6. Aria.**

Allegro di molto.

Mas.
Hab's ver-standen gnäd'-ger Herr, gnäd'-ger Herr! Höf-lich dan-kend geh' ich fort. Weil es Euch dem so be-liebt, sag' ich nicht ein ein-zig Wort, ich sa-ge nicht ein ein-zig Wort. O, wie könnt' ich Euch miss-traun.
Ho ca-pi-to, Si-gnor, sì! Si-gnor, sì! chi-no il ca-po, e me ne vo; Giac-chè piace a voi co-sì, al-tre re-pli-che non fo, no, no, no, no, no, no, non fo. Ca-va-lier voi se-te già.
p
tr
cresc.
f

Seid Ihr doch ein Ca-va-lier: deut-lich sagt mir Eu-re Huld, was Ihr ha-ben wollt von
Du-bi-tar non posso af-fè: me lo di-ce la bon-tà che vo-lete a-ver per
(zu Zerlina)
mir, ja was Ihr ha-ben wollt von mir. Ha du Fal-sche, ha du Schlange, immer war vor dir mir
me a-ver per me, a-ver per me. Bric-co-nac-cia, ma-lan-dri-na, fosti o-gnor la mia ru-
cresc.
(zu Leporello)
(zu Zerlina)
ban-ge, im-mer war vor dir mir ban-ge, Nun, ich komm' schon! Bleib' nur,
i-na, fosti o-gnor la mia ru-i-na! Ven-go, ven-go! Re-sta,
cresc.
blei-be! Eh-re sol-chem bra-ven Weibe! Si-cher
re-sta! è u-na co-sa mol-to o-nesta! Fac-cia il
cresc.
macht der gnäd'ge Herr dich noch zu sei-ner gnäd'gen Frau, noch zu sei-ner gnäd'gen Frau. Ha du
no-stro ca-va-lie-re ca-va-liera an-co-ra te, ca-va-lie-ra an-co-ra te! Bric-con-
Fal-sche, ha du Schlange! Immer war vor dir mir ban-ge, im-mer war vor dir mir ban-ge.
nac-cia, ma-lan-dri-na, fosti o-gnor la mia ru-i-na, fo-sti o-gnor la mia ru-i-na!
cresc.

(zu Leporello)
(zu Zerlina)
Nun, ich komm' schon! Bleib' nur, blei-be. Eh - re sol - chen
Ven - go, ven - go! Re - sta, re - sta! è u - na co - sa
bra - ven Wei-be! Si - cher macht der gnäd'ge Herr dich noch zu
mol - to o - ne-sta. Faccia il no - stro ca - va - lie - re ca - va -
sei-ner gnäd'gen Frau, noch zu sei-ner gnäd'gen Frau. Ha du fal - sche, ha du Schlange höf - lich
lie-ra an-co-ra te, ca - va - lie-ra an co - ra te, faccia il no - stro ca - va - lie - re ca - va -
dan-kend geh' ich fort. Ha du fal - sche, ha du Schlan-ge, sa - ge nicht ein ein - zig
lie-ra an-co - ra te, faccia il no - stro ca - va - lie - re ca - va - lie - ra an-co - ra
Wort, höf - lich dan-kend geh' ich fort, sa - ge nicht ein ein - zig Wort.
te, ca - va - lie - ra an-co - ra te, ca - va - lie - ra an-co - ra te!
(Masetto und Leporello ab mit den Bauern)
cresc.
f
p

NEUNTE SCENE.

Recitativ.

D. Juan.
End-lich sind wir be-freit, du mein rei-zen-des Kind von die-sem
Al fin siam li-be-ra-ti, Zer-li-net-ta gen-til, da quel scioc-
Zerl.
D. Juan.
Töl-pel. Nun was sagst du da-zu? Hab' ich es recht gemacht! Gnäd'ger Herr, er ist mein Bräut'gam! Wie?
co-ne. Che ne di-te, mio ben? so far pu-li-to? Si-gno-re è mio ma-ri-to Chi?
der da? Glaubst du, ein Mann von Eh-re, ein Ca-va-lier, wie ich, der könnt' es dul-den, dass die-ses
co-lui? vi par che un o-nest' uo-mo, un no-bil Ca-va-lier, qual io mi van-to, pos-sa sof-
lie-be, gol-di-ge Ge-sicht-chen, dies zu-cker-sü-sse Münd-chen, die Beu-te ei-nes
frir che quel vi-set-to d'o-ro, quel vi-so inzuc-che-ra-to da un bi-fol-cac-cio
Zerl.
plum-pen Bau-ern wer-de? Doch gnäd'ger Herr ich gab ihm mein
vil sia stra-paz-za-to? Ma, si-gno-re; io gli die-di pa-
D. Juan.
Wort, sei-ne Frau zu wer-den Die-ses Wort, es ist null und nich-tig Du bist
ro-la di spo-sar-lo. Tal pa-ro-la non va-le un ze-ro: voi non

nicht ge-schaf-fen, als Bäu-er-in zu le-ben; ein schön-res Loos ver-
sie-te fat-ta per es-ser pa-e-sa-na; un' al-tra sor-te ri pro-
die-nen die-se schel-mi-schen Au-gen, die-se schwel-len-den Lip-pen, und die-se zar-ten
cu-ran quegli oc-chi bric-con-cel-li, quei lab-bret-ti si bel-li, quel-le di-tuc-cie
Händchen, die so weich wie Sammt sind und so duf-tend, wie Ro-sen.
can-di-de e o-do-ro-se; par-mi toc-car giun-cu-ta e fiu-tar ro-se.
Zerl.
Doch ich be-
Ah non vor-
D. Juan.
Zerl.
fürchte. Was kannst du fürchten? Am En-de hin-ter-geht Ihr mich nur; 's ist ja bekannt, dass Ihr
re-i... Che non vor-re-ste? Al-fi-ne in-gan-na-ta re-star. Io so che ra-do col-le
vor-nehmen Herrn es mit uns Mäd-chen nicht im-mer ehr-lich meint.
don-ne voi al-tri ca-va-lie-ri sie-te o-ne-sti e sin-ce-ri.
D. Juan.
Das ist Ver-läum-dung,
Eh un im-po-stu-ra
nur vom Pö-bel er-fun-den. Dem Ad-li-gen bli-cket die Eh-re aus den
del-la gen-te ple-be-a! la no-bil-tà ha di-pin-ta ne-gli oc-chi l'o-ne-

Nº 7. Duettino. Nº 7. Duettino.

Herz, o sag es mir! Ich füh-le froh dich schlagen, und steh' doch zit-ternd hier, ach
tre-ma un po-co il cor; fe-li-ce è ver, sa-re-i ma può bur-lar-mi an-cor, ma
cresc.
p
D. Juan.
Zerl.
ste-he zit-ternd hier. Lass' nicht umsonst mich wer-ben! Ma-set-to wür-de
può bur-lar-mi an-cor! Vie-ni, mio bel di-let-to! Mi fà pie-tà Ma-
mf
p
D. Juan.
(Zerl.)
ster-ben! Glück soll dich stets um-ge-ben! Kaum kann ich wi-der-streben kaum wi-der-
set-to! Io can-ge-rò tua sor-te. Pre-sto non son più for-te, non son più
mf
p
D. Juan.
stre-ben, kaum wi-der-stre-ben! Komm', o folg' mir! Reich mir die Hand, mein
for-te, non son più for-te Vie-ni! Vie-ni! Là ci da-rem la
sfp
p
Zerl.
D. Juan.
Zerl.
Le-ben! Ach, soll ich wohl es wa-gen? Komm in mein Schloss mit mir. Mein
ma-no, Vor-rei, e non vor-re-i. Là mi di-rai di sì. Mi
cresc.
p

Zerl.
Herz. o sag' es mir! Ach, zit-ternd steh' ich
tre-ma un poco il cor! ma può bur-lar-mi an-
D. Juan
Es ist nicht weit von hier.
Partiam, ben mio, da qui.
hier. Ma-set-to wür-de ster-ben! Kaum kann ich wi-der-
cor. Mi fa pie-tà Ma-set-to; pre-sto non son più
Lass nicht umsonst mich wer-ben, Glück soll dich stets um-ge-ben!
Vie-ni, mio bel di-let-to! Io can-ge-rò tua sor-te!
mf p p mf p
streben, kaum wi-der-streben, kaum wi-der-stre-ben! Wohl-an!
for-te, non son più for-te, non son più for-te! An-diam!
O komm, o komm!
An-diam, an-diam!
So dein zu sein auf e-wig, wie glücklich, o wie se-lig wie se-lig werd' ich
An-diam, andiam, mio be-ne, a ri-storar le pe-ne d'un in-no-cen-te a-
So dein zu sein auf e-wig, wie glücklich, o wie se-lig wie se-lig werd' ich
Andiam, andiam, mio be-ne, a ri-storar le pe-ne d'un in-no-cen-te a-

sein! So dein zu sein auf e-wig, wie glücklich o wie se-lig, wie se-lig
mor! Andiam, andiam, mio bene. a ri-storar le pe-ne d'un in-no-
werd' ich sein! Wohl-an!
cen-te a-mor! An-diam!
O komm!
An-diam!
Wohl-an! Komm, lass' uns glücklich sein, komm,
An-diam! Andiam, mio ben, an-diam, le
O komm! Komm, lass' uns glücklich sein, komm,
An-diam! Andiam, mio ben, an-diam, le
lass' uns glücklich sein, komm, lass' uns se-lig sein!
pe-ne a ri-sto-rar d'un in-nocente a-mor.

ZEHNTE SCENE.

Recitativ.

D. Elv.
Schändlicher, kei-nen Schritt mehr! Der Him-mel führt mich her, dich zu ent-
Fer-ma-ti, scel-le-ra-to! Il ciel mi fe-ce u-dir le tue per-
fp
lar-ven. Noch ist es Zeit, die-se ar-me Be-trog-ne zu ent-
fi-die: io son in tem-po di sal-var que-sta mi-se-ra in-no-
Zerl.
rei-ssen dei-nen fre-veln-den Hän-den. O Gott, was muss ich
cen-te dal tuo bar-ba-ro ar-ti-glio. Me-schi-na! co-sa
mf
D. Juan.
(zu D. Elvira)
hö-ren! (Hilf mir, Gott A-mor.) Siehst du nicht, o Ge-lieb-te, dass Al-les nur ein
sen-to! (A-mor, con-si-glio!) I-dol mio, non ve-de-te ch'io vo-glio di-ver-
p
D. Elv.
Scherz ist? Nur ein Scherz? Wahr-haf-tig nur ein Scherz. Ich weiss, Ver-
ter-mi? Di-ver-tir-ti? è ve-ro! di-ver-tir-ti! io sò, cru-
Zerl.
worfner, wie grausam du scherzest! A-ber sagt, gnäd'ger Herr, ist's Wahrheit, was sie
del, co-me tu ti di-ver-ti. Ma, Si-gnor Ca-va-lie-re, è ver quel ch'el-la
p

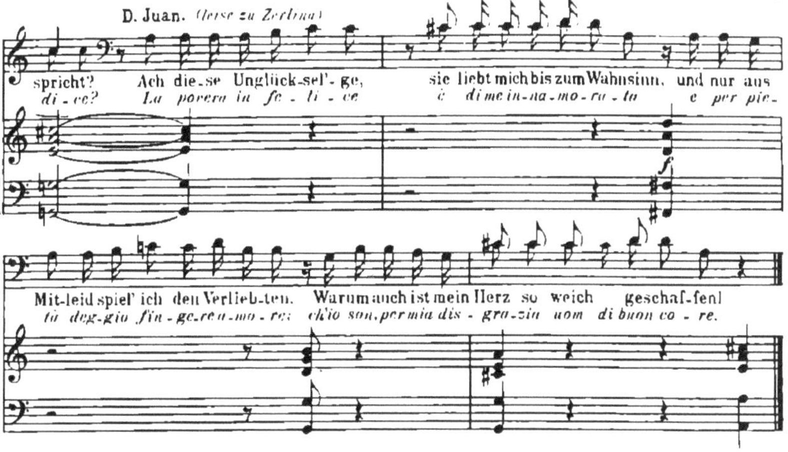
D. Juan. (leise zu Zerlina)
spricht? Ach die-se Unglück-sel'-ge, sie liebt mich bis zum Wahnsinn, und nur aus
di-ce? La povera in fe-li-ce è di me in-na-mo-ra-ta e per pie-
Mit-leid spiel' ich den Verlieb-ten. Warum auch ist mein Herz so weich geschaf-fen!
tà deg-gio fin-ge-re a-mo-re: ch'io son, per mia dis-gra-zia uom di buon co-re.

Nº 8. Arie. Nº 8. Aria.

Allegro.
D. Elv.
O flieh, Be-trog'-ne, flieh und
Ah, fug-gi il tra-di-tor! Non
trau' dem Fal-schen nicht; sein Blick ist Heu-che-lei, und Lü-ge, was er
lo la-sciar più dir: il labbro è men-ti-tor, fal-la-ce il ci-
spricht! Mein Kum-mer mei-ne Zäh-ren, sie
glio. Da miei tormen-ti im-pa-ra a

sa - gen dir ge-nug, sie mö - gen vor Be - trug dir Schutz ge-wäh -
cre - der a quel cor, e na - sca il tuo ti - mor dal mio pe-ri -
ren. O flie-he, flie - he, o flieh Betrogne flieh, und
glio! Ah, fug-gi, fug - gi, ah, fug - gi il tra-di - tor, non
trau' dem Fal - schen nicht; sein Blick ist Heu - che - lei, und Lü - ge, was er
lo la-sciar più dir: il labbro è men - ti - tor, fal-la - ce il ci -
spricht. sein Blick ist Heu-che - lei, dem Fal -
glio. il lab - bro è men-ti - tor, fal - la -
schen trau - e nicht, nein, dem Fal -
ce il ci - glio, si, fal - la -

(geht ab mit Zerlina)
schen trau - e nicht.
ce il ci - glio.
ELFTE SCENE.
Recitativ.
D. Juan.
Es ist, als ob ein Dä - mon sich er - götzte, all' mei - ne Plä - ne tückisch zu ver-
Mi par ch'oggi il de - mo - nio si di - ver - ta d'op - por - si a' miei pia - ce - vo - li pro-
p
ei - teln. Heut' will Nichts mir ge - lingen.
gres - si: van - no mal tut - ti quanti.
D. Oct. (zu D. Anna)
Ver - geb - lich sind die Kla - gen, o Heiss - ge -
Ah ch'o - ra, i - do - lo mio, son va - ni i
lieb - te! Uns geziemt nur die Ra - che.
pian - ti: di ven - det - ta si par - li.
Ha, Don Ju - an!
Oh Don Gio - vanni!
D. Juan.
(Das hat - te noch gefehlt!)
(Man - ca - va questo in - toppo.)
D. Anna.
O Freund, Ihr kommt zur rech - ten Zeit. Lebt noch in Euch Eur' ed - les
A - mi - co. a tem - po vi ri - tro - viam: a - ve - te co - re? a - ve - te

D. Juan.
Herz, Eu-re gro-sse See-le? (Hat der Teu-fel denn sel-ber sie auf mei-ne Spur gebracht?)
a-ni-ma ge-ne-ro-sa? (Sta ve-de-re che il dia-vo-lo le ha det-to qualche co-so.)
D. Anna.
D. Juan.
Welche Fra-ge! Was sollis? Mit Eurem Rathe sollt als Freund Ihr uns beistehn (Ich athme wie-der
Che do-manda! per-chè? Bi-sognoabbiamo del-la co-strua amici-zia. (Mi torna il fiato in
frei-er.) O befehlt nur, ed-le Donna! All mein Gut, die-se Hand, diesen Degen, ja mein
cor-po.) Co-manda-te: i congiun-ti, i parenti, questa man, questo fer-ro, i
Le-ben bring' ich Euch mit Freuden zum Opfer! Doch schö-ne Donna An-na, warum vergiesst Ihr
be-ni, il sangue spende-ro per ser-vir-vi: ma voi, bel-la Donn' An-na, per-chè co-sì pian-
Thrä-nen? Wer nur hat es ge-wagt, der See-le Frie-den Euch mit-leid-los zu
ge-te? Il cru-de-le che fù che o-so la cal-ma tur-bar del vi-ver
ZWÖLFTE SCENE.
D. Elv.
rau-ben? Ha, find ich dich noch hier, ruch-lo-ser Frev-ler!
vo-stro? Ah, ti ri-tro-vo an-cor, per-fi-do mo-stro!
p
mf
fz
fz

№ 9. Quartett. № 9. Quartetto.

geht!
tà.
geht!
tà.
D. Juan.
Das ar-me, gu-te Mädchen, ihr Freun-de, ist von Sin-nen! Ich bit-te, geht von
La po-ve-ra ra-gaz-za è paz-za,a-mi-ci mi-ei! la-scia-te-mi con
cresc.
D. Juan.
hin-nen, ich bit-te, geht von hin-nen, dann wird sie ru-hig sein, dann
le-i, e paz-za,a-mi-ci mi-ei, for-se si cal-me-rà, for-
f
p cresc.
mfp
p
D. Elv.
O glaubt dem frechen Heuchler nicht! Ver-wei-let hier, ver-
Ah, non cre-de-te al per-fi-do! Re-sta-te,oh Dei,re-
D. Juan.
wird sie ru-hig sein! Von Sinnen ist die Arme!
-se si cal-me-rà! E paz-za,non ba-da-te!
D. Anna.
Auf wen ist hier zu baun, wem sol-len wir ver-traun? Auf wen ist hier zu
A chi si cre-de-rà, a chi si cre-de-rà? a chi si cre-de-
D. Elv.
wei-let! Ver-wei-let!
sta-te! Re-sta-te!
D. Oct.
Auf wen ist hier zu baun, wem sol-len wir ver-traun? Auf wen ist hier zu
A chi si cre-de-rà, a chi si cre-de-rà? a chi si cre-de-
D. Juan.
O ei-let!
E paz-za!

baun, wem hier zu traun?
rà. si cre - de - rà?
Wie ergreift mich unnennbares
Cer-to mo-to d'ignoto tor-
O glaubt dem frechen Lügner nicht, ver-wei-let!
Ah, non cre-de-teal per-fi-do, re-sta-te!
baun, wem hier zu traun?
ra, si cre - de - rà?
Wie ergreift mich unnennbares
Cer-to mo-to d'ignoto tor-
Es ergreift mich ein seltsames
Cer-to mo-to d'ignoto tor-
cresc.
Ban-gen!
men-to
O wie fühlt sich die See-le be-
dentro l'al-ma gi-ra-re mi
Ha, vor Abscheu, Ver-ach-tung und Ban-gen
Sdegno, rabbia, di-spet-to pa-ven-to
Ban - gen!
men - to
O wie fühlt sich die See-le be-
dentro l'al-ma gi-ra-re mi
Ban - gen!
men - to
O wie fühlt sich die See-le be-
den-tro l'al-ma gi-ra-re mi
cresc.
fan-gen!
sen-to.
Was in mir für die Ar-me sich re-get.
che mi di-ce per quel-la in-fe-li-ce.
fühl ich ganz meine See-le be-fangen!
den-tro l'al-ma gi-ra-re mi sen-to.
Was noch hält mich, den Frevler zu
che mi di-ce, di quel tradi-
fan-gen!
sen-to.
Was in mir für die
che mi di-ce per
fan-gen!
sen-to.
Was in mir für die Ar-me sich
che mi di-ce per quel-la in-fe-

Ach, zu deu - ten, zu deu - ten ver-mag ich es nicht, nein,
cen - to co - se che in - ten - der, che in - ten - der non sa. no.
scho - nen? Ach, zu deu - ten ver-mag ich es nicht. Nein! Was noch
to - re, cen - to co - se che in - ten - der non sa. no! Che mi
Ar - me sich re-get, ach zu deu - ten ver-mag ich es nicht, nein,
quel - la in - fe - li - ce cen - to co - se che in - ten - der non sa. no,
re - get, ach zu deu - ten ver-mag ich es nicht, nein,
li - ce cen - to co - se che in - ten - der non sa, no
nein! Was in mir sich
no! Che in - ten - der non
hält mich, den Frev-ler zu schonen, den Frev-ler zu scho-nen, ach zu deuten vermag ich es
di - ce di quel tra-di-to-re, di quel tra-di - to - re cen - to co-se che in-ten-der non
nein! Was in mir sich
no! Che in - ten - der non
nein! Ach, zu deu - ten vermag ich es
no! Cen - to co - se che inten - der non
regt, ich deut' es mir
sa. che in - ten - der non
nicht, was noch hält mich, den Frevler, den Frev-ler zu scho-nen, ach zu deuten vermag ich es
sa. che mi di - ce, mi di - ce di quel tra-di - to - re cen - to co-se che inten-der non
regt, ich deut' es mir
sa, che in - ten - der non
nicht, ach, zu deu - ten vermag ich es
sa, cen - to co - se che inten - der non

nicht.
sa!
nicht.
sa!
(bei Seite)
nicht.
sa!
Nein, nicht eh - er will ich wei-chen, bis mir Klarheit wird und
Io di quà non va-do vi - a, se non so com' è l'af-
nicht.
sa!
D. Anna (bei Seite)
Nein, für Wahnsinn spricht kein Zei-chen aus dem ed-len An-ge-
Non ha l'a-ria di paz - zi - a il suo tratto, il suo par-
Licht.
far.
sicht.
lar.
D. Elv. (zu D. Anna und Octavio)
Glaubt ihm
Da quel
D. Juan.
Um dem Arg - wohn zu ent-weichen gilt es ke-cke Zu-ver-sicht.
Se men va - do, si po - tri-a qualche co-sa so-spet-tar.

D. Elv.
nicht, sein fal - sches Au-ge kün-det Euch den Bö-se - wicht.
ces - so si do - vri - a la ner' al - ma giu-di - car.
D. Oct. (zu D. Juan)
Sie von Sinnen?
Dunque quel-lo?
D. Juan.
Ja ganz von
È paz - za.
D. Anna. (zu Elviera)
Al - so Je-ner?
Dun-que que-gli?
D. Elv.
Ist ein Ver - rä-ther!
È un tra - di - to - re.
Mis - se -
Men - ti -
D. Juan.
Sin-nen.
rel - la.
Un - glück - sel'-ge!
In - fe - li - ce!
Zwei - fel re - gen sich in
In - co - min - cio a du - bi -
thä-ter, Mis - se-thä-ter, fre-cher Lügner!
to - re, men - ti - to - re, men - ti - to - re!
D. Oct.
Zwei - fel re - gen sich in
In - co - min - cio a du - bi -
f
p

mir.
tar.
mir.
tar.
D Juan. (zu Elvira)
Stil-le, still, es nahen Leu-te, o ver-su-che dich zu fassen! Lässt du nicht von die-sem
Zit-to, zit-to, che la gen-te si ra-du-na a noi d'in-tor-no, sia-te un po-co più pru-
pp
D. Elv.
Nicht mehr schweig ich, du Vermessner,
Non spe-rar-lo, o scel-le-ra-to.
Strei-te, dro-het dir und mir Ge-fahr.
den-te, vi fa-re-te cri-ti-car.
f
D. Elv.
Hof-fe nichts du Ehrvergessner,
ho per-du-ta la pru-den-za.
Mein Geschick und dein Verbrechen,
le tue col-pe ed il mio sta-to
p
f
D. Anna.
Die-ses
Que-gli ac-
D. Elv.
Al-len mach' ich's of-fen-bar, Al-len mach ich's of-fen-bar!
vo-glio a tut-ti pa-le-sar, vo-glio a tut-ti pa-le-sar!
D. Oct.
Die-ses
Que-gli ac-
D. Juan.
Lei-se, lei-se, nur ge-
Zit-to, zit-to, che la
fp

Flü - stern, die - ses Fle - hen,
cen - ti si som - mes - si,
Schwei-ge, schweige, du Vermessner, hof-fe nichts, du Ehrver -
Non spe-rar-lo, o scel-le-ra-to! ho per-du-ta la pru -
Flü - stern, die - ses Fle - hen,
cen - ti si som - mes - si,
las-sen, o ver-su-che dich zu fas-sen,
gen-te si ra-duna-u noi d'in - tor-no:
cresc.
sein Er - rö - then sein Er -
quel can - giar cresc. si di co -
gessner mein Geschick und sein Ver-brechen al - len
den-za! le tue col-pe ed il mio sta-to vo-glio a
sein Er - rö - then, sein Er -
quel can - giar si di co -
lässt du nicht von die-sem Strei-te cresc. dro-het dir und mir Ge -
siate un po-co più pru-den-te, vi fa-re-te cri-ti -
bleichen, Al-les ist ein sich - res Zei - chen: sei-ne
lo - re son in-di - zi trop - po e - spres - si, che mi
werd' es of-fen-bar. Schweige, schweige du Vermessner!
tut - ti pa-le - sar, ho per-du-ta la prudenza!
blü-hen, Al-les ist ein sich - res Zei - chen sei-ne
lo - re son in-di - zi trop - po e - spres - si, che mi
fahr. Lei-se lei-se, nur ge-las - sen
car, siate un po-co più pru-den - te!

Schuld, sie wird uns klar, sei - ne
fan de - ter - - mi - nar, che - mi
Schweig Ver - mes - sner! Hof - fe nichts, du Ehrver -
Non, spe - rar - lo! ho per - du - ta la pru -
Schuld sie wird uns klar, sei - ne
fan de - ter - - mi - nar, che - mi
nur ge - las - sen! O ver - su - che dich zu fas - sen!
zit - to, zit - to! si ra - duna a noi d'in tor - no!
Schuld, sie wird uns klar, sei - ne
fan de - ter - - mi - nar! che mi
gessner! Hoffe nichts, du Ehrvergessner! Mein Geschick und sein Ver -
den - za non sperar - lo, o scelle - ra - to! le tue colpe ed il mio
Schuld sie wird uns klar, sei - ne
fan de - ter - - mi - nar! che mi
O versuche, dich zu fassen! Lässt du nicht von diesem Streite,
zit - to, zit - to, che la gente... siate un po - co più pruden - te;
Schuld, sie wird uns klar!
fan de - ter - mi - nar! (Donna Elvira geht ab.)
brechen al - len nach dich of - fen - bar!
sta - to vo - glio a tut - ti pa - le - sar!
Schuld, sie wird uns klar!
fan de - ter - mi - nar!
dro - het dir und mir Gefahr, droht uns Ge - fahr!
vi fa - re - te, vi fa - re - te cri - ti - car!
pp

№ 10. Recitativ und Arie. № 10. Recitativo ed Aria.

DREIZEHNTE SCENE.

D. Anna.
Fassung!
raggio
O Himmel
Oh De - i!
O Himmel!
Oh De - i!
Er ist der Mörder meines Va-ters!
Quegli è il car - ne-fi - ce del pa-dre mi - o!
D. Oct.
D. Anna.
Was hör' ich? O, zwei-fle län-ger nicht; die letz-ten Wor - te, die
Che di - te? Non du bi - ta - te più; gli ul - ti - mi accen - ti, che
die - ser Fre - che sprach, Haltung und Stimme, Al - les weckt die Er - inn'rung an den
l'empio pro - fe - ri, tut - ta la vo - ce ri-chia-mar nel cor mio di quell' in -
D. Oct.
Frev - ler, der jüngst in mei-ner Wohnung. O Gott, wärs mög - lich, dass unter'm heil'gen
de - gno che nel mio apparta - men - to. Oh ciel! pos - si - bi - le, che sotto il sa - cro
Man - tel treu - er Freundschaft doch was ge - schah? Er - zäh - le mir den un - er - hör - ten
man - to d'a - mi - ci - zia. Ma co - me fu, nar - ra - te - mi, lo strano acce - ni -

D. Anna.
Vorgang! Schon warf die Dämmrung ih-ren Schlei-er her-nie-der, als in mei-ne Ge-
mento. E - ra giù alquanto a-van - za-ta la not - te, quando nel-le mie
Andante.
mächer, wo ich zu meinem Unheil völ-lig al - lein war, ein Mann herein tritt, gehüllt in ei-nen
stanze, o - ve so-let - ta mi tro-vai per sven - tu-ra, en-trar io vi - di in un mantel-lo av-
Mantel im ersten Augen-blicke wähnt ich dich, Freund, mir nahe Doch nur zu bald erkannt ich die
volto un uom, che al primo i - stante a - vea pre - so per voi; ma ri - co-nob-bi poi che un in-
D. Oct.
D. Anna.
schreckli-che Täuschung Himmel vol - lende! Schweigend schleicht er mir näher, schlingt um mich seinen
ganno e - ra il mi - o! Stelle! se - guite! Ta - ci - to a me s'appressa, e mi vuol abbrac-
Andante.
Arm; ich will ent - fliehen, er hält mich fester, ich ru - fe!
ciar: sciogliermi cerco; ei più mi stringe; io grido!
Tempo I.

Doch Niemand kommt mit einer Hand ver-sucht er, meine Ru-fe zu hindern,
Non vie-ne al-cun; con u-na ma-no cer-ca d'impe di-re la vo-ce
p Andante.
mit der andern umschlingt er hef-ti-ger mich schon glaubt ich mich ver-loren. Schändlicher! Und
e coll' al-tra m'af-fer-ra stretta co si che già mi cre-do vinta. Per-fi-do! e al-
D. Oct.
f
p
D. Anna.
dann? Die Todes-angst, der Abscheu vor dem furchtbaren Fre-vel, er-höhte so mir meine
fin? Al-fine il duol, l'or-ro-re dell' in fa-me atten ta-to accrebbe si la le-na
Kräfte, dass ich mich durch heft'ges Ringen, Sträu-ben und Entwinden
mi-a, che a for-za di svin-co-lar-mi, tor-cer-mi e pie-garmi,
endlich be-freite Ich athme auf vol-lende! Auf's Neu' nehm' ich al-le Kraft zu-
da lui mi sciolsi Ohi me! re-spi-ro. Al-lo-ra rin-forzo i stridi
D. Oct.
D. Anna.

sammen ru-fe nach Hülfe. Er a-ber
mi-ei, chiamo soc - corso, fugge il fel-
Tempo I.
floh; In flammender Em-pörung folg' ich ihm nach bis auf die Strasse so
lon; or - di - ta-men-te il se-guo fin nel-la stra-da per fer-mar-lo, e
wurde aus der Verfolgten ei-ne Ver - folgrin. Mein Va-ter tritt da-
so-no as-sa-li-tri-ce d'as - sa li - ta 'Il pa - dre oac-
zwischen, stellt zur Re-de ihn, doch der Bu-be, ü-ber-le-gen an Kräften dem schwachen Greise
cor-re, vuol co-noscer-lo, e l'in - degno, che del po-ve-ro vecchio e - ra più for-te,
häuft noch das Maass des Frevels häuft noch das Maass des Frevels, raubt ihm das Leben!
compie il misfat - to su-o, compie il misfat - to su-o col dar-gli morte!

Andante.
D. Anna.
Du kennst nun den Frev-ler, der
Or sai chi l'o - no-re ra-
Schan - de mir droh-te, mit mörd - ri - schem Stahle den
pi - - re a me vol-se, chi fu il tra - di - to-re, che il
Va-ter, den Va-ter mir raub-te! Wohl - auf denn zur
pa-dre che il pa-dre mi tol-se. Ven - det - ta ti
Ra - che, wohl - auf denn zur
chieg gio, la chie - de il tuo
That. wohl - auf denn zur
cor. la chie - de il tuo

That! Ge - den - - ke der Wun - de im
cor. Ram - men - - ta la pia - ga del
Bu - - sen des To - dten ge - den - ke des
mi - - se - - ro se - no, ri - mi - ra di
Blu - tes des Blu - tes, das tränk - te den Bo - den, wenn
san - gue co - per - to, co - per - to il ter - re - no, se
je dir er - kal - tet der Ra - che Be - gier der Rache Be -
l'ira in te lan - gue d'un giu - sto fu - ror, d'un giusto fu -
gier! Du kennst nun den Frev - ler, der
ror. Or sai chi l'o - no - re ra -

Schan - de mir droh-te, mit mörd' - ri - schem Stahle den
pi - - re a me vol - se, chi fu il tra - di - to-re, che il
Va-ter, den Va-ter mir raub-te. Wohl - auf denn zur
pa-dre, che il pa-dre mi tol-se: ven - det - ta ti
Ra - che, wohl - auf denn zur That
chieg - gio, la chie - de il tuo cor.
wohl - auf denn zur That. Ge -
la chie - de il tuo cor. Ram -
den-ke der Stun-de, ge - den - ke des Blu-tes! Wohl -
men-ta la pia - ga, ri - mi - ra di san-gue! Ven -

auf denn zur Ra - che, wohl -
det - ta ti chieg - gio, la
auf denn zur That, wohl -
chie - de il tuo cor la
auf denn zur That! Wohlauf denn zur Ra - che, wohlauf denn zur That! Wohlauf denn zur
chiede il tuo cor, rendet - ta ti chieggio, la chie - de il tuo cor, rendet - ta ti
Ra - che, wohlauf denn zur That, wohlauf denn zur That, wohlauf denn zur
chieggio, la chie - de il tuo cor, la chie - de il tuo cor, la chie - de il tuo
That. wohl - auf denn zur That, wohl - auf denn zur That, ge - denk deines
cor, la chie - de il tuo cor, la chie - de il tuo cor; ren - det - ta ti
cresc.

(geht ab)
Schwures, gedenk' mei-ner Schmach!
chieggio, la chiede il tuo cor!
f
ff
p

VIERZEHTE SCENE.

D. Octavio.
Kaum vermag ich zu glauben, dass so schwarzes Verbrechen ein E-delmann be-ge-he!
Co-me mai creder deggio, di sì ne-ro de-lit-to ca-pace un ca-va-lie-re!
p
Klar-heit hier zu ge-win-nen, will ich Al-les ver-su-chen. Die Pflicht des
Ah, di sco-pri-re il ve-ro og-ni mez-zo si cer-chi. Io sen-to in
Freundes, des Ver-lob-ten, hör' ich mahnend tief im In-ner-sten
pet-to e di spo-so e d'a-mi-co il do-ver che mi
sprechen: Ist sei-ne That er-wie-sen, werd ich sie rä-chen.
par-la: dis-in-gan-nar-la vog-lio, o ven-di-car-la.
f

★ *(Anmerkung:)* Die von Mozart für die Wiener Aufführung (1788) nachkomponirte Arie des Don Octavio siehe im Anhang, Seite 281.

FÜNFZEHNTE SCENE.

D. Juan.
Lepor.
sucht' ich sie zu un-ter-hal-ten. Bra-vo! Tausend Din-ge sag' ich. Ma-set-to zu zer-
cer - co d'in-trat - te-ner-li. Bra-vo! Di-co mil-le co-se a Ma-set-to, per pla-
D. Juan.
Lepor.
streuen und ihn von seiner Ei-fersucht zu heilen. Bravo. bravo, ganz vortrefflich! Ich lass' sie
car-lo, per trargli dal pen-sier la ge - lo-si-a. Bravo! in coscien - za mi - a! Faccio che
trin - ken die Bur-sche und die Mädchen; bald sind al - le be - ne-belt,
be - va - no, e gli uo-mi-ni e le don - ne: son già mezzo ub-bri-ac-chi;
ein'-ge sin-gen, an-d're scherzen, an-d're trinken noch fort; Als es am
al-tri can-ta, al-tri scher-za, al-tri se-gui-ta a ber; in sul più
D. Juan.
Lepor.
D. Juan.
tollsten war, rathet, wer überraschtuns da? Zerli-na? Bravo! Und an ihrer Seite? Donna El-
bel - lo, chi cre-de-te che ca-pi-ti? Zerli-na? Bravo! e con lei chi viene? Donna El-
Lepor.
D. Juan.
vi-ra! Bra-vo! Und was sprach sie von Euch? Nun, al-les Bö-se, was nur zu er-
ci-ra! Bra-vo! e dis-se di voi? Tut-to quel mal che in boc-ca le ve-

Lepor. D. Juan. Lepor. D. Juan.
denken. Bravo. bravo, ganz vor-trefflich! Und du, sag'was be gannst du? Ich schwieg. Und sie?
ni-a. Bravo! in coscien-za mi-a! E tu co-sa fa - ce-sti? Tac-qui. Ed el-la?
Lepor. D. Juan. Lepor.
Schalt immer fort. Und du? Als ihr zuletzt vor Zorn die Worte ver-sagten, führt ich sachte sie hin-
Segui a gridar. E tu? Quando mi par-ve che già fosse sfo - ga-ta, dol-ce-mente fuor dell'
aus aus dem Garten, schloss hin-ter ihr die Thür sorgsam zu, machte mich dann aus dem
or - to la tras-si, e con bell' ar - te, chiu-sa la por-ta a chiave io mi-ca -
D. Juan.
Staub und liess sie so al - lein am We-ge stehn. Bra-vo! Bra-vo, bra-vis-si-mo! Die
vai, e sul-la via so - let-ta la la-sciai. Bra-vo! Bra-vo, ar-ci-bra-vo! L'af -
Sache geht vortrefflich. Du hast be - gonnen, für das En-de sorg' ich. Gar sehr er-götzen mich
far non può andar meglio. In-com-in - ciasti, io saprò ter-mi-nar. Troppo mi pre-mo-no
die hübschen Bauermädchen: ich will sie bis zur Nacht wohl un-ter-halten.
que-ste con-ta-di-not-te; le voglio di-ver-tir fin-chè vien notte.

Nº 11. Arie. Nº 11. Aria.

dort Al-le-manden spiel ih-nen auf, hier Menu-et-te spiel ihnen auf, da
chi l'a-le-ma-na fa-rai bal-lar, chi'l menu-et-to fa-rai bal-lar, chi
rasche Walzer spiel ihnen auf, dort Al-le-manden spiel ihnen auf.
la fol-li-a fa-rai bal-lar, chi l'a-le-ma-na fa-rai bal-lar.
Ich a-ber lei-se, nach meiner Wei-se füh-re das Lieb-chen in's Kämmer-
Ed io frat-tan-to dall' al-tro can-to con questa e quel-la vo'a-moreg-
lein in's Käm-mer-lein, in's Käm-mer-lein. Drum oh-ne
giar, vo'a-mo-reg-giar, vo'a-mo-reg-giar. Ah, la mia
Sor-gen, dei-nem Re-gi-ster schreibst du schon morgen zeh-ne noch ein.
li-sta do-man mat-ti-na d'u-na de-ci-na de-vi aumen-tar.

In dein Re-gi-ster schreibst du schon mor-gen zeh - ne noch ein.
Ah, la mia li - sta d'u - na de - ci - na de - vi aumen - tar.
Siehst du ein Mädchen na-hen dem Gar-ten, lass' sie nicht war-ten, führ' sie her - ein.
Se trovi in piaz-za qual-che ra-gaz-za, te-co ancor quel-la cer-ca me - nar.
Drum oh-ne Sor-gen, dei-nem Re-gi-ster schreibst du schon
Ah, la mia li - sta do-man mat-ti-na d'u - na de -
mor-gen zeh - ne noch ein. Tan-zen lass' al-le sie wirr durchein-an-der
ci - na de - vi aumen - tar! Sen - za alcun or-dine la danza si - a,
hier Menu - et - te, da rasche Wal-zer, dort Al - le-manden spiel ihnen auf.
chi'l mi-nu - et - to, chi la fol - li - a, chi la-le - ma-na fa-rai bal - lar.

Drum oh-ne Sorgen, deinem Re-gi-ster schreibst du schon morgen
Ah, la mia li-sta do-man mat-ti-na d'u-na de-ci-na
zeh-ne noch ein, schreibst du schon mor-gen zeh-ne noch ein, schreibst du schon mor-gen
de-ri aumen-tar, d'u-na de-ci-na de-ri aumen-tar, d'u-na de-ci-na
zeh-ne noch ein, zeh-ne noch ein, zeh-ne noch ein, schreibst du zeh-
de-ri aumen-tar, de-ri aumen-tar, de-ri aumen-tar, de-ci, de-
(ab mit Leporello)
ne noch ein.
ri aumen-tar.
fp
f
p
cresc.

SECHZEHNTE SCENE. *Garten. Masetto und Zerlina. - Bauern und Bäuerinnen, die auf Mooslagern schlafen oder sitzen.*

Recit.
Zerl.
Ma-set-to, hö-re doch, lie-ber Ma-set-to!
Ma-set-to, sen-ti un po'. Ma-set-to, di-co.
Mas.
Rühr' mich nicht an.
Non mi toc-car.
fp
Zerl.
Warum?
Perchè?
Mas.
Du kannst noch fragen? Falsche du! Von deiner un-getreuen Hand lass' ich mich nicht be-rüh-ren.
Perchè mi chiedi? per-fi-da! il tatto sopportar dovrei d'u-na man in-fe-de-le?
Zerl.
O Gott, sei doch ver-nünf-tig, ich ver-die-ne nicht sol-che bitt-re Kränkung.
Ah no; ta-ci, cru-de-le; io non mer-to da te tal trat-ta-men-to.
Mas.
Wirklich? Du hast noch den Muth, dich zu ent-schuldgen? Mit einem Mann al-lein zu bleiben, mich zu ver-las-sen am Tag unsrer Hochzeit, ei-nen bra-ven und ehr-li-chen Burschen so frech zu be-
Co-me? ed hai l'ar-di-men-to di scu-sar-ti? Star so-la con un uom! ab-ban-do-narmi il di' del-le mie noz-ze! porre in fronte a un vil-la-no d'o-no-re que-sta mar-ca d'in-
f

schim-pfen! Ja glau-be nur wenn das Auf-sehn nicht wä - re,
fa mia! Ah, se non fos - se, se non fos - se lo scan - da - lo,
Zerl.
so wollt' ich dich... Mei-ne Schuld ist es nicht, ward ich doch sel-ber von ihm hin-ter-
cor - re - i... Ma se col-pa io non ho, ma se da lui in-gan-na-ta ri-
gan-gen; was kannst du fürchten? Be - ruh'-ge dich, mein Liebster! Er be-
ma - si; e poi che te - mi? Tran quil - la - ti, mia vi - ta: non mi toc-
rühr-te nicht die Spit-ze mei-nes Fingers. Du willst nicht glauben? Du Bö-ser! Komm
cò la pun-ta del-le di-ta. Non me lo cre-di? In gra-to, vien
her, schilt mich nur, und schla-ge mich, ja mach mit mir Al - les was du
qui: sfo - ga - ti, am - ma - za - mi, fa tut - to di me quel che ti
willst, doch dann, mein lie - ber Schatz, dann schliess' wie-der Frie - den!
pia - ce; ma poi, Ma - set - to mio, ma poi fa pa - ce.

Nº 12. Arie. Nº 12. Aria.

schelten magst du mich und schlagen. Dank da - für will ich dir sa - gen und noch
la-scie-rò ca-var-mi gli occhi, e le ca - re tue ma - ni - ne lie - ta
küs - sen dei - ne Hand, die lie - - - be Hand, dir
poi sa-prò ba - ciar, sa - prò ba - ciar, ba -
küs - - sen dei - - ne lie - - - be Hand.
ciar, sa - prò, sa - prò ba - ciar.
Schmä - le, schmä - le, lie - ber Jun - ge will es
Bat - ti, bat - ti, o bel Ma - set - to, la tua
wie ein Lamm er - tra - gen fromm er - ge - ben oh - ne Kla - gen, oh - ne
po - ve - ra Zer - li - na: sta - rò qui co - me agnel - li - na le tue

je - den Wi - der - stand.
bol - te ad a - spet - tar.
Ja schmä - le, schmä - le,
O bel Ma - set - to,
will's er - tra - gen wie ein Lamm, wie ein Lamm, oh - ne
bat - ti, bat - ti, sta - rò qui, sta - rò qui, le tue
je - den Wi - der - stand.
bol - te ad a - spet - tar.
Ja, ich
Ah, lo
seh' es, du ver giebst mir,
ve - do, non hai co - re,
ja, ja, ich seh' es du ver - giebst mir. du vergiebst mir!
ah! non hai co - re, ah, lo ve - do, non hai co - re.
tr
cresc.
f

Frie-de, Frie - de lass' uns schlie - ssen. Frie-de, Frie - de lass' uns
Pa-ce, pa - ce,o vi - ta mi - a, pa-ce, pa - ce,o vi - ta
schlie-ssen, lass' der Lie - be Glück ge - nie - ssen uns in Won - ne Tag für
mi - a, in con - ten - ti ed al - le - gri - a not - te e dì vo-gliam pas-
Tag,
sar,
uns in Won - ne Tag für
not - te e dì vo - gliam pas-
Tag, uns in Won - ne Tag für Tag,
sar, not - te e dì vo - gliam pas - sar,
uns in Won - ne Tag für Tag. Friede, Frie - de lass' uns
not - te e dì vo - gliam pas - sar. Pa - ce, pa - ce,o vi - ta

schliessen, Frie-de, Frie - de lass' uns schliessen, lass'der Lie-be Glück ge - -
mi - a, pa-ce, pa - ce,o vi - ta mi-a, in con ten-ti ed al-le- - -
nie - ssen uns in Won - ne Tag für Tag, ja, ja, ja, ja, ja, ja, uns in
gri - a not-te e dì vo-gliam pas-sar, sì, sì, sì, sì, sì, sì, not - te e
Won - ne Tag für Tag, ja, ja, ja, ja, ja, ja, uns in Won - ne Tag für
dì vo-gliam pas-sar, sì, sì, sì, sì, sì, sì, not - te e dì vo-gliam pas-
Tag, in Won - ne Tag für Tag, in Won - ne Tag für
sar, vo - gliam, vo-gliam pas - sar, vo - gliam, vo-gliam pas-
Tag.
sar.
pp
pp

Recitativ.

Masetto.
Ei da seht die-se He-xe, die ver-steht sich aufs Kö-dern! Ja, wir
Guar-daun po', co-me sep-pe que-sta stre-ga se-dur-mi! Sia-mo
Don Juan. (hinter der Scene.)
Män-ner sind wahrlich gu-te Nar-ren! Nun kann das Fest be-gin-nen, be-reit ist
pu-re i de-bo-li di te-sta! Sia pre-pa-ra-to tut-to a-u-na gran
Zerlina.
Mas.
Al-les. Ach, Ma-set-to, Ma-set-to, hörst du die Stimme unsers gnä-digen Herren? Je nun, was
fe-sta. Ah! Ma-set-to, Ma-set-to, o-di la vo-ce del mon-sù ca-va-lie-ro! Eb-ben, che
Zerl.
Mas.
Zerl.
Mas.
thut's? Er kommt! Lass' ihn nur kommen. Was fang' ich an, wie kann ich ihm entflieh'n? Was ist zu fürchten, wes-
c'è? Ver-rà. La-scia che ven-ga. Ah! se vi fos-se un bu-co da fug-gir! Di co-sa te-mi? per-
fz
we-gen, sag, entfärbst du dich? Ha, du Schelmin, ich mer-ke schon, du fürchtest, dass ich
chè di-ven-ti pal-li-da? Ah, ca-pi-sco! Ca-pi-sco, brio-con-cel-la: hai ti-
fz
jetzt wohl er-fah-re, wie zwischen dir und ihm die Sa-che ab-lief!
mor ch'io com-prenda co-m'è tra voi pas-sa-ta la fac-cen-da.
fz
fz
f

Nº 13. Finale.

Allegro assai.
Masetto.
Hurtig, hurtig, eh' er nahet will ich mich bei Sei-te
Presto, presto, pria ch'ei ven-ga, por mi vo' da qual-che
p
machen. In der Ni-sche werd ich wachen, Al-les hör' ich_ dort mit
la-to; c'è una nic-chia; qui ce-la-to che-to, che-to_ mi vo'
p
Zerlina.
an. Ach Ma-set-to, was beginnst du? Ach bit-te, bit-te, nicht verstecken! Sicher
star. Sen-ti, sen-ti! do-ve va-i? ah_ non t'a-scon-der, o Ma-set-to! Se ti
mfp
wird er dich ent-decken und dann ist's um dich ge-than, ach dann ist's um dich ge-
tro-va, po-ve-ret-to, tu non sai quel che può far, po-ve-ret-to. tu non
Mas.
Zer.
than, um dich ge-than. Sag' und thu' er, was er wol-le. Ach, er hört mich nicht, der
sai quel che può far. Fac-cia, di-ca quel che vuo-le. Ah, non gio-van le pa-
cresc.
f
p

Mas.
Zerl.
Tol - le! Re - de laut und bleib' hier ste - hen! Er ist taub für all mein
ro - le: Par - la for - te,e qui t'ar - re - sta! Che ca - pric-cio hai nel - la
cresc.
f
p
Zerl.
Fle - hen, er ist taub für all mein Fle - hen! O wie
te - sta, che ca - pric-cio hai nel - la te - sta! Quell'in -
Mas.
sotto voce
Sprich mir laut und bleib' hier ste - hen! Ich will seh'n,
Par - la for - te,e qui t'ar - re - sta! Ca - pi - rò,
grausam, wie abscheulich, dass er mir die Fal-le stellt!
gra - to, quel cru - de - le, og - gi vuol pre - ci - pi - tar;
ob sie mir treu ist, so nur komme ich auf die Spur. Ich will
se m'è fe - de - le, e in qual mo - do an dò l'af - far, ca - pi -
O wie grausam, wie ab - scheulich, dass er mir die Fal - le stellt,
quell'in - gra - to, quel cru - de - le, og - gi vuol pre - ci - pi - tar;
seh'n, ob sie mir treu ist, ob sie mir
rò se m'è fe - de - le, se m'è fe -

o wie grausam, wie abscheulich, dass er mir die Fal-le
quell'in-gra-to, quel cru-de-le, oggi vuol pre-ci-pi-
treu ist so nur komm ich auf die Spur, so nur komm ich auf die
de-le e in qual mo-do an-dò l'af-far, in qual mo-do an-dò l'af
SIEBZEHNTE SCENE.
stellt.
far.
(geht in die Nische.)
Don Juan.
Spur. Auf ihr Freun-de, mun-ter, munter!
far. Sù, sve-glia-te-vi, da bra-vi,
f
p
Nicht ver-le-gen, lie-be Leu-te! Nur die Freude hersche
sù co-rag-gio, o buo-na gen-te! Vogliam stare al-le-gra-
heu-te, tanzt und scherzet, trinkt und lacht. Auf ihr Diener, führt geschwinde mir die Leute hier zum
men-te, vogliam ri-der e scher-zar. Al-la stanza del-la dan-za condu-ce-te tut-ti

Mah-le, fül-let al-le Wein-po-ka-le, Ju-bel herrsch in die-ser Nacht, Ju-bel herrsch in die-ser
quan-ti, ed a tutti in ab-bon-danza gran rin-fre-schi fa-te dar, gran rin-fre-schi fa-te
cresc.
Nacht!
dar.
Tenöre.
Die 4 Diener.
Auf ihr Freun-de, mun-ter munter!
Sù, sve-glia-te-vi, da bra-vi,
Bässe.
Auf ihr Freun-de, mun-ter munter!
Sù, sve-glia-te-vi, da bra-vi,
f
Nicht ver-le-gen, lie-be Leute! Nur die Freude herrsche heute, tanzt und scherzet, trinkt und
sù, co-rag-gio, o buo-na gen-te! Vogliam stare al-le-gra-mente, vogliam ri-der e scher-
Nicht ver-le-gen, lie-be Leute! Nur die Freude herrsche heute, tanzt und scherzet, trinkt und
sù, co-rag-gio, o buo-na gen-te! Vogliam stare al-le-gra-mente, vogliam ri-der e scher-
(abgehend)
lacht! Nur die Freude herrsche heute, tanzt und scher-zet trinkt und lacht, tanzt und scher-zet trinkt und
zar, vogliam stare al-le-gra-mente, vo-gliam ri-der e scher-zar, vo-gliam ri-der e scher-
lacht! Nur die Freude herrsche heute, tanzt und scher-zet trinkt und lacht, tanzt und scher-zet trinkt und
zar, vogliam stare al-le-gra-mente, vo-gliam ri-der e scher-zar, vo-gliam ri-der e scher-

lacht, tanzt und scher - zet trinkt und lacht, tanzt und scher - zet trinkt und
zar, vo-gliam ri - der e scher-zar, vo-gliam ri - der e scher -
lacht, tanzt und scher - zet trinkt und lacht, tanzt und scher - zet trinkt und
zar, vo-gliam ri - der e scher-zar, vo-gliam ri - der e scher -
poco a poco dim.
p
ACHTZEHNTE SCENE.
Andante.
Zerl.
Sei-nem Blick mich zu ver-ber - gen, eil' ich un - ter je-ne
Tra quest' ar - bo - ri ce - la - ta si può dar che non mi
lacht.
zar.
lacht.
zar.
Andante.
p
D. Juan. (hält sie fest)
Bäume. Ach Zer-lin - chen, säu-me, säu-me hol-de Kleine, hol-de Kleine, flie-he
ve-da. Zer-li - net - ta mia gar-ba - ta, t'ho già vi-sto, t'ho già vi-sto, non scap-
tr
p
Zerl.
D. Juan.
Zerl.
nicht! Gnäd'ger Herr, o lasst mich ge-hen! Nein, du darfst nicht wi-der-ste-hen! Ich be-
par! Ah, la-scia - te-mi andar vi - a! No, no, re - sta, gio-ja mi - a! Se pie-

D Juan.
schwö - re Euch mit Thrä-nen... Lieb-chen, stil - le die-ses Seh-nen! Komm zur
-ta - de a-ve-te in co - re... Si, ben mio, son tut-to a-mo-re. Vie - ni un
Zerl.
Ach, wenn
Ah! se
Lau-be, sü - sse Tau-be, komm, dort sollst du glücklich sein! Komm mit
po-co in que - sto lo-co, for - tu - na-ta io ti vo' far, vie-ni un
er Ma-set - to findet, wer - den wir ver-lo-ren sein, ach dann werden dann wer-den
ved' il spo - so mi-o, so ben io quel che può far, so ben io, so ben io, so
mir in je-ne Grot - te, komm dort sollst du glücklich sein, komm, dort
po - co in que-sto lo - co, for - tu - na-ta io ti vo' far. for - tu-
wir ver-lo-ren sein, ach dann wer-den, dann wer-den wir ver-lo-ren sein!
quel — che può far, so ben io, so ben io, so quel — che può far.
sollst du glücklich sein, komm, dort sollst du glücklich sein! Ma-
na-ta io ti vo' far. for - tu-na-ta io ti vo' far. Ma-
pp

(Don Juan erblickt Masetto)
Mas.
D. Juan.
set-to? Ja, Ma-set-to! Ver-bor-gen hier, wa-rum?
set-to? Sì! Ma-set-to! E chiu-so là, per-chè?
Dem Bräut-chen wur-de ban-ge, du
La bel-la tua Zer-li-na non
bliebst ihr all-zu-lan-ge, sie sehn-te sich nach
può, la po-ve-ri-na, più star sen-za di
Mas. (spöttisch)
dir, und dich zu su-chen half ich ihr. O, zu viel Ehr' er-weist Ihr
te, non può più star sen-za di te. Ca-pi-sco, sì Si-gno-
cresc.
p
cresc.
p
D. Juan.
Allegretto.
mir! Nun seid nur gu-ten Mu-thes, gu-ten Mu-thes.
re. A-des-so fa-te co-re, fa-te co-re.
f
(Auf dem Theater aus der Ferne)

Zerl.
Die Geigen hört ihr klingen, zum Tanze kommt mit mir. Zum Fe-ste lasst uns
I suo-na-to-ri u-di-te ve-ni-te o-mai con me! Si, si, fac-cia-mo
P Im Orchester
ei-len, zum Fe-ste lasst uns ei-len, der Andern Lust zu thei-len, zu-sammen ge-hen
co-re, si, si, fac-cia-mo co-re, ed a bal-lar co-gli al-tri an-dia-mo tut-ti
D. Juan.
Auf auf und kommt zu-sammen ge-hen
Ve-ni-te o-mai, ve-ni te o-mai con
Mas.
Zum Fe-ste lasst uns ei-len, der Andern Lust zu thei-len, zu-sammen ge-hen
Si, si, fac-cia-mo co-re, ed a bal-lar co-gli al-tri an-dia-mo tut-ti
cre - scen - do
wir! Zum Fe-ste, zum Tan-ze lasst uns gehn, zum Fe-ste, zum Tan-ze
tre, an-dia-mo, an-dia-mo tut-ti tre, an-dia-mo, an-dia-mo
wir! Zum Fe-ste, zum Tan-ze lasst uns gehn, zum Fe-ste, zum Tan-ze
me, ve-ni-te, ve-ni-te o-mai con me, ve-ni-te, ve-ni-te o
wir! Zum Fe-ste, zum Tan-ze lasst uns gehn, zum Fe-ste, zum Tan-ze
tre, an-dia-mo, an-dia-mo tut-ti tre, an-dia-mo, an-dia-mo
f
lasst uns gehn, zum Tanze lasst uns gehn, zum Tanze lasst uns gehn!
tut-ti tre, an-diamo tut-ti tre, an-diamo tut-ti tre.
(sie gehen ab)
lasst uns gehn, zum Tanze lasst uns gehn, zum Tanze lasst uns gehn!
-mai con me ve-ni-te o-mai con me, ve-ni-te o-mai con me.
lasst uns gehn, zum Tanze lasst uns gehn, zum Tanze lasst uns gehn!
tut-ti tre, an-diamo tut-ti tre, an-diamo tut-ti tre.

NEUNZEHNTE SCENE.

D. Elvira.
Seid muthig ed-le Freunde so
Bi-sogna a-ver co-raggio, o
wird es uns ge-lin-gen, das Dunkel zu durch-dringen, ent-larvt wird bald der Frevler
ca-ri a-mi-ci mi-ei, e i suoi mis-fat-ti re-i sco-prir, sco-prir po-tremo al-
D. Oct.
sein! O hör der Freundin Worte! Sei standhaft, du mein Leben, das Ziel nach dem wir
lor. L'a-mi-ca di-ce be-ne, co-raggio a-ver con-vie-ne, di-scaccia, o vi-ta
D. Anna.
streben, es mag dir Muth ver-leihn! Ge-fahr-voll
mi-a, l'af-fan-no ed il ti-mor! Il pas-so è
Un-ter-fan-gen, mich fasst ein tie-fes Ban-gen
pe-ri-glio-so, può na-scer qual-che im-bro-glio.

Du bist's, für den ich fürch-te, für den ich fürchte, hier
Te - mo pel ca - ro spo - so, pel ca - ro spo-so, e
droht auf's Neu' uns Pein du bist's, für den ich
per noi te - mo an - cor, te - - - - mo pel ca - ro
fürch-te, für den ich fürchte, hier droht auf's Neu' uns Pein!
spo - so, pel ca - ro spo-so, e per noi te - mo an - cor.
Leporello (am Fenster)
O se-het, gnäd'ger Herr doch die al-ler-lieb-sten
Menuetto.
Signor, guar-da-te un po - co che masche - re ga -
D. Juan (am Fenster)
Mas-ken! Lass' sie mir nicht ent - ge - hen la - de zum Ball sie
lan - ti! Fal - le pas-sar a - van - ti, dì che ci fan - no o -

D. Anna.
p
Wie Mie - nen doch und Bli - cke den Schänd - li - chen ver - ra - then!
Al vol - to ed al - la vo - ce si scop - re il tra - di - to - re.
D. Elv.
Wie Mie - nen doch und Bli - cke den Schänd - li - chen ver - ra - then!
Al vol - to ed al - la vo - ce si scop - re il tra - di - to - re.
D. Oct.
Wie Mie - nen doch und Bli - cke den Schänd - li - chen ver - ra - then!
Al vol - to ed al - la vo - ce si scop - re il tra - di - to - re.
D. Juan.
ein! (zieht sich zurück)
mor.
Lep.
Pst,
Zi!
D. Anna. (zu Octavio)
Gieb du ihm Ant - wort!
Via, ris - pon - de - te!
D. Elv. (zu Octavio)
Gebt Ihr ihm Ant - wort!
Via, ris - pon - de - te!
pst! Ihr schö - nen Mas - ken dort, pst, pst!
zi! Sig - no - re ma - sche - re! zi! zi!
D. Oct.
Sprecht was begehrt Ihr?
Co - sa chie - de - te?
Lep.
Pst, pst, ihr schönen Mas - ken dort! Zum
Zi! zi! Sig - no - re ma - sche - re! Al

D. Oct.
Tanz lädt mein Ge-bie - ter Euch al-le freundlich ein. Dank für so gro-sse
bal - - lo, se vi pia - ce, v'in - vita il mio si-gnor. Gra - zie di tan-to o-
Lep. (für sich)
Eh - re! Wohl - an, wir wer-den kom-men. Mein Büch - lein wird schon
no - re! an - diam, com-pa-gne bel - le. L'a - mi - co anche su
Adagio.
D. Anna.
Mög'
Pro -
D. Octav.
Mög'
Pro -
mor - gen wie-der be-reichert sein.
quel - le pro-va fa-rà d'a - mor.
Adagio.
p
Gott zu un-srem Wer-ke, uns Kraft und Muth ver - leihn! Mög'
teg-ga il giu-sto cie - lo il ze - lo del mio cor! pro -
D. Elv.
Him-mel ver-leih mir Stärke, und rä-che mei - ne
Ven - dichi il giu - sto cie-lo il mio tra-di - to a-
D. Oct.
Gott zu un-srem Wer-ke, uns Kraft und Muth ver - leihn!
teg-ga il giu-sto cie - lo il ze - lo del mio cor!
p

Gott zu un- - serm Wer- - ke, uns Kraft
leg-ga il giu- - sto cie- - lo il ze-
Pein! Himmel ver-leih' mir Stärke, und rä-che mei-ne Pein, und rä-che,
mor, ven-dichi il giu-sto cie-lo il mio tra-di-to a-mor, il mio tra-
Mög' Gott zu un-serm Wer-ke, uns Kraft und Muth ver-leih'n, mög' Gott uns
pro-teg-ga il giu-sto cie-lo il ze-lo del mio cor il zelo, il
m.d.
und Muth ver-leih'n! Mög' Gott zu un- - srem
lo del mio cor, pro-teg- - ga il giu- - sto
rä-che die Schmach und Pein! Himmel ver-leih' mir
di-to tra-di-to a-mor, ven-dichi il giu-sto
Kraft und Muth ver-leih'n! Mög' Gott zu un-srem
ze-lo del mio cor, pro-teg-ga il giu-sto
m.d.
Wer- - ke, uns Kraft und Muth ver-
cie- - lo, il ze- - lo del mio
Stär-ke und rä-che mei-ne Pein, und rä-che, rä-che mei-ne
cie-lo il mio tra-di-to a-mor, il mio, il mio tra-di-to a-
Wer-ke uns Kraft und Muth ver-leih'n, mög' Gott uns Kraft und Muth ver-
cie-lo il ze-lo del mio cor, il zelo, il ze-lo del mio
m.d.

leihn! Mög Gott zu uns-rem Werke, uns
cor! Pro-teg-ga il giu-sto cie-lo il
Pein Himmel verleihe mir Muth und Stär-ke und rä-che, räche die Schmach und
mor! ren-di-chi, vendichi il giu-sto cie-lo il mio tra-di-to, tra di-to a-
leihn! Mög Gott zu uns-rem Werke, uns
cor! Pro-teg-ga il giu-sto cie-lo il
Kraft und Muth ver-leihn!
ze-lo del mio cor!
(Sie gehen ab)
Pein, die Schmach und Pein!
mor, tradi-to a-mor!
Kraft und Muth ver-leihn!
ze-lo del mio cor!
sfp
Verwandlung.
ZWANZIGSTE SCENE. (Ballsaal)
Allegro.
f
p
f
D. Juan.
(Don Juan ladet die Mädchen, Leporello die Burschen, die soeben einen Tanz beendet, zum Sitzen ein.)
Ruht ein wenig, ihr reizenden
Ri-po-sa-te, vezzose ra-
p

Kin - der! Dann be - gin-nen wir wieder zu
gaz- ze! Lepor. Tor-ne - rete a far presto le
Kommt, er - frischt Euch, ihr ar - ti - gen Bur - schen. Dann be - gin-nen wir wieder zu
Rin - fre - sca - te - ri, bei gio vi - not - ti. Tor-ne - rete a far presto le
f p
tan - zen, wirbeln lustig im Kreise her-um, wir-beln lu - stig her - um!
paz - ze, tor-ne - rete a scherzare bal - lar, a scher - zar e bal - lar!
tan - zen, wirbeln lustig im Kreise her-um, wir-beln lu - stig her - um!
paz - ze, tor-ne - rete a scherzare bal - lar, a scher - zar e bal - lar!
f p cresc. f p
D. Juan.
He Kaf-fe!
Eh! caf-fè!
Lepor.
Cho - co - la-de!
Cioc - co - la-ta! Maset.
Ach Zer - li - na, be - hut-sam!
Ah, Zer - li - na! giu - di - zio!

D. Juan.
Ge-fror'-nes!
Sor-bet-ti!
Lepor.
Con-fect her!
Con-fet-ti!
Maset.
Ach, Zer-li-na be-hut-sam!
Ah, Zer-li-na, giu-di-zio!
Zerl. (bei Seite)
Zwar recht ar-tig be-gin-net das Spiel hier, doch das En-de wer
Trop-po dol-ce co-min-cia la sce-na, in a-ma-ro po-
Maset.
Zwar recht ar-tig be-gin-net das Spiel hier, doch das En-de wer
Trop-po dol-ce co-min-cia la sce-na, in a-ma-ro po-
tr
sieht es vor-aus, doch doch das En-de, wer sieht es vor-aus!
tria ter-mi-nar, si, in a-ma-ro po-tria ter-mi-nar!
D. Juan.
O wie
Sei pur
sieht es vor-aus, doch doch das En-de, wer sieht es vor-aus!
tria ter-mi-nar, si, in a-ma-ro po-tria ter-mi-nar!

Ei, Ihr scherzt!
(liebkost sie)
Sua bon-tà.
bist du so rei-zend, Zer-li-na!
ra-ga, bril-lan-te Zer-li-na!
Wie die Schel-min ver-
La bric-co-na fa
Lepor. (Don Juan nachahmend)
O, wie bist du so reizend Gia-not-ta!
Sei pur ca-ra, Gia-not-ta, San-dri-na! (D. Juan beobachtend)
gnügt ist!
fe-sta!
Rühr sie an und es soll dich ge-
Toc-ca pur che-ti, ca-da la
Zerl.
Ach, Ma-set-to verdreht schon die Au-gen, die-ser Handel, er en-det nicht
Quel Ma-set-to mi par stra-lu-na-to, brut-to, brut-to si fa quest' af-
D. Juan.
Lepor.
Ha, Ma-
Quel Ma-
reu-en.
te-sta.
cresc.

gut. Ach, Ma - set - to ver - dreht schon die Au - gen!
far. Quel Ma - set - to mi par stra - lu - na - to!
set - to verdreht schon die Au - gen. Da-rum
set - to mi par stra - lu - na - to. Qui bi -
Wie die Schelmin ver-
La bric - co - na fa
f p
Die-ser Han-del, er en - det nicht gut.
Brut-to brut - to si fa quest'af - far.
Vor-sicht und wohl auf der Hut!
so - gna cer-vel - lo a-do-prar!
gnügt ist! Rühr sie an, und es soll dich ge-
fe - sta! Toc-ca pur, che ti ca-da la
Ach, Ma-set-to verdreht schon die Au-gen, die-ser Han-del er en-det nicht
Quel Ma-set-to mi par stra-lu-na-to, brutto, brut-to si fa quest'af-
Ach, Ma-set-to verdreht schon die Au-gen, die-ser Han-del er en-det nicht
Quel Ma-set-to mi par stra-lu-na-to, qui bi so-gna cer-vel-lo a-do-
reuen!
testa.
f p f p

gut, er en - det nicht gut. Ach, Ma - set - to ver-dreht schon die
far si fa quest' af - far! Quel Ma - set - to mi par stra - lu -
gut, er en - det nicht gut. Ach, Ma - set - to ver-dreht schon die
prar, cer vel - lo a - do - prar. Quel Ma - set - to mi par stra - lu -
Ha die Fal - sche!
Toc-ca, toc - ca!
cresc.
f
p
Au - gen die-ser Han-del er en-det nicht gut, er en - det nicht
na - to! brut-to, brut-to si fa quest' af - far, si fa quest' af -
Au - gen die-ser Han-del er en-det nicht gut, er en - det nicht
na - to! qui bi - so-gna cer-vel-lo a - do - prar, cer - vel - lo a - do -
Ha, die Fal - sche! Ha, die Fal - sche! Wie beb' ich vor
Ah bric-co - na! ah bric - co - na! mi vuoi di - spe -
f
p
cresc.
gut, die-ser Han - del er en - det nicht gut!
far, brut - to, brut - to si fa quest' af - far!
(D. Anna, D. Elvira D. Octavio treten ein.)
gut, die-ser Han - del er en - det nicht gut!
prar, qui bi - so - gna cer - vel - lo a - do - prar!
Wuth! Ha, die Fal - sche! Wie beb' ich vor Wuth!
rar, ah bric - co - na, mi vuoi di - spe - rar!
p

Maestoso.
Lepor.
Nur nä-her, schö-ne Mas-ken, will-kommen hier zum Fe-ste!
Ve-ni-te pur a-van-ti, vez-zo-se ma-sche-re-te!
D.Juan.
Will-kommen werthe Gäste, hoch leb' die Freiheit hier!
È aperto a tutti quanti, vi-va la li-ber-tà!
D.Anna.
D.Elv.
D.Oct.
Wir dan-ken Eu-rer Grossmuth, die Frei-heit uns ge-währt, die Frei-heit uns ge-währt!
Siam gra-ti a tan-ti se-gni di ge-ne-ro-si-tà, di ge-ne-ro-si-tà!
Wir dan-ken, dass Eu-re Grossmuth Freiheit auch uns gewährt!
Siam gra-ti a tan-ti se-gni di ge-ne-ro-si-tà!
D.Juan.
Seid meine Gä-ste! Hoch leb' die Freiheit! Frei-heit
È a-perto a tut-ti, a tut-ti quan-ti. vi-va

D. Anna.
D. Elv. Hoch leb' die Freiheit, hoch. sie le-be
D. Oct.
Vi-va la li-ber-tà! la li-ber-
D. Juan.
Freiheit sie le-be hoch!
vi-va la li-ber-tà!
Lepor.
Hoch leb' die Freiheit, hoch, sie le-be
Vi-va la li-ber-tà! la li-ber-
Hoch leb' die Freiheit hoch, sie le-be
Vi-va la li-ber-tà! la li-ber-
hoch! Hoch leb' die Freiheit, hoch, sie le-be hoch. Frei-heit,
tà, vi-va la li-ber-tà, la li-ber-tà, vi-va,
hoch! Hoch leb' die Freiheit, hoch, sie le-be hoch, Frei-heit,
tà, vi-va la li-ber-tà, la li-ber-tà, vi-va,
hoch! Hoch leb' die Freiheit, hoch, sie le-be hoch, Frei-heit,
tà. vi-va la li-ber-tà, la li-ber-tà, vi-va,
Freiheit sie le-be hoch, Frei-heit, Freiheit sie le-be hoch, sie lebe hoch, sie lebe hoch!
vi-va la li-ber-tà, vi-va, vi-va la li-ber-tà, la liber-tà, la li-ber-tà!
Freiheit sie le-be hoch, Frei-heit, Freiheit sie le-be hoch, sie lebe hoch, sie lebe hoch!
vi-va la li-ber-tà, vi-va, vi-va la li-ber-tà, la liber-tà, la li-ber-tà!

D. Juan.
(zu Leporello)
Menuetto.
Lasst die Musik be-gin-nen! Du ord'ne neu die Tänze!
Ri-co-minciate il suo-no. Tu accoppia i bal-le-ri-ni!
(Auf dem Theater)
p
D. Elv. (zu D. Anna)
D. Anna.
D. Oct. (zu D. Anna)
Das ist die junge Bäu'rin! Ich ster-be! Still nur
Quella è la conta-di-na! Io mo-ro! Si-mu-
Lepor.
(Sie tanzen)
Nur flink zum muntern Tanze!
Da bra-vi, via bal-la-te!
Fassung!
la-te!
D. Juan.
Nicht bes-ser könnt es
Va be-ne in ve-ri-
Lepor.
Nicht bes-ser könnt es
Va be-ne in ve-ri-

gehn!
tà!
Maset. (spöttisch)
gehn! Vor - treff - lich, vor - treff - lich, vor - trefflich, muss ge -
tà! Va be - - ne, va be - - ne, va bene in ve - ri -
tr
D. Juan (zu Leporello)
Maset-to schaff' bei Sei - te!
A ba-da tien Ma - set - to!
Lepor.
stehn! Willst du nicht auch mit tan-zen, ar-mer
tà! Non bal - li, po - ve - ret - to, po - ve -
(II. Orchester auf dem Theater)
(stimmend)
D. Juan (zu Zerlina)
Reich mir die Hand zum tan - - zen, Zer - li - - na, Zer -
Il tuo com-pagno io so - - no, Zer - li - - na, Zer -
Jun - ge? O komm doch, Freund Ma - set - to, tan - - ze,
ret - to? Vien quà, Ma - set - to ca - ro, ca - - ro,
tr

li - na, komm mit mir!
li - na, vien pur quà!
Mas.
Lepor.
so wie's die andern thun. Nein, nein, ich mag nicht tan-zen! Ei
fac-ciam quel ch'al-tri fa. No, no. bal-lar non vog-lio! Eh,
Mas.
Lepor.
tan - ze nur, Ma - set-to! Nein! Ja! Maset-to
bal - la, a-mi-co mi - o! No! Si! ca-ro Ma -
D. Anna.
D. Elv.
D. Oct.
Ich kann mich nicht mehr fas - sen! Ver stel - lung gilt es
Re - si - ster non poss' i - o! Fin - ge - te, per pie -
tanze! Tan - ze! Tan - ze!
set-to! Bal - la! Bal - la!
Mas.
Nein, nein, ich mag nicht. Nein, nein, ich
No, no, non vo - glio! No, no, non
III. Orchester auf dem Theater.
(stimmend)

hier.
tu!
Lepor.
mag nicht. Komm tan - ze Freund Ma - set - to, so
ro - glio. Eh bal - la.a - mi - co mi - o. fa -
tr
D. Juan.
Komm nur mit mir, mein Le-ben,
Vie - ni con me, mia vi - ta,
Mas.
wie's die An - dern thun. Lass mich doch, hin-
ciam quelch'al - tri fa. Las - cia - mi! Ah
Zerl.
komm o folg' mir. Ich ar - me bin ver -
Vie - ni, vie - ni. Oh nu - mi! Son tra -
weg! Zer - li - na!
no! Zer - li - na!

D.Anna.
lo - ren!
di - ta!
D.Elv. Im
Li-
Lepor.
(ab)
Jetzt wird es Händel setzen!
Qui nasce una ru - i - na.
D.Oct.
Im
Li-
eig - nen Netze fängt nun der Schänd - li-che sich
ni - quo da se stes - so nel lac - cio se ne
eig - nen Netze fängt nun der Schänd - li-che sich
ni - quo da se stes - so nel lac - cio se ne
hier!
va!
hier!
va!
Zerl. (von draussen)
Ach - - zu
Gen - - tea -

Allegro assai.
D. Anna. D. Elv.
Hül - - fe. habt Er - barmen! Auf. ent -
ju - - to, a ju - - to gen - te! Soc - cor -
D. Oct.
Auf. ent -
Soc - cor -
Allegro assai.
sfp
sfp
(Die Musikanten und Bauern entfernen sich.)
reisst sie sei-nen Ar-men, auf. ent - reisst sie sei-nen Ar - men!
ria - mo l'in - no - cen - te, soc - cor - ria - mo l'in - no - cen - te.
Mas.
reisst sie sei-nen Ar-men, auf. ent - reisst sie sei-nen Ar - men! Ach, Zer -
ria - mo l'in - no - cen - te, soc - cor - ria - mo l'in - no - cen - te. Ah Zer -
cresc.
Zerl.
li - na, ach, Zer - li - na! Weh mir Ar - - -
li - na, ah Zer - li - na! Seel - le - ra - - -
p
cresc.
D. Anna. D. Elv.
Zerl.
men! Ha, sie rief auf je - ner Sei - te, je - ner Sei - te! Weh mir
to! O - ra gri - da da quel la - to, da quel la - to! Seel - le -
D. Oct.
Ha, sie rief auf je - ner Sei - te, je - ner Sei - te!
O - ra gri - da da quel la - to, da quel la - to!
f
p

D.Anna.D.Elv.
Zerl.
Ar - - men! Sprengt die Thü-re, sprengt die Thü-re lasst uns ei-len! Kommt zu
ra - - to! Ah, git-tia-mo giù la por-ta, giù la por-ta! Soc-cor-
D.Oct.
Sprengt die Thü-re, sprengt die Thü-re lasst uns ei-len!
Ah, git-tia-mo giù la por-ta, giù la por-ta!
f
p
D.Anna.
D.Elv.
Wir sind
Siam qui
Hül - fe mir, ach, kommt zu Hül-fe mir, ich ster - - be!
re - te-mi! Ah, soc-cor-re-te-mi, son mor - - - ta!
D.Oct.
Wir sind
Siam qui
Mas.
Wir sind
Siam qui
f
hier zu dei - nem Schu - tze, wir sind hier zu dei - nem
noi per tua di - fe - sa, siam qui noi per tua di -
hier zu dei - nem Schu - tze, wir sind hier zu dei - nem
noi per tua di - fe - sa, siam qui noi per tua di -
hier zu dei - nem Schu - tze, wir sind hier zu dei - nem
noi per tua di - fe - sa, siam qui noi per tua di -

Schu - tze, zu dei - nem Schu - tze, zu dei - nem Schutze!
fe - sa, per tua di - fe - sa, per tua di - fe - sa!
Schu - tze, zu dei - nem Schu - tze, zu dei - nem Schutze!
fe - sa, per tua di - fe - sa, per tua di - fe - sa!
Schu - tze, zu dei - nem Schu - tze, zu dei - nem Schutze!
fe - sa, per tua di - fe - sa, per tua di fe sa!
Andante maestoso. (Führt Leporello am Arme herein und thut, als wolle er ihn erstechen.
D. Juan.
Frecher Bube! Sie be-leid'gen! Doch be-stra - fen werd ich
Ec-co il birbo che t'ha offesa; ma da me la pe - na a-
f
p
ihn, be-stra - fen ihn. Stirb, Verwegner! Du musst sterben!
vrà, la pe - na a - vrà! Mo - ri, i - ni - quo! Mo - ri, di - co!
Lepor.
Ach, habt Er - bar-men! ach habt Er-
Ah, co - sa fa - te, ah, co - sa
ff
p
f
p
D. Oct. (richtet eine Pistole auf Don Juan)
Du musst sterben! Dei - ne List ist hier ver - gebens!
Mo - ri, di - co! No! spe - ra - te! no! spe - ra - te!
barmen! Ach, habt Er - bar - men!
fa - te. ah, co - sa fa - te!
f
p
cresc.
f

D. Anna.
Hof - fenimmer uns zu
L'em - pio cre-de con tal
D. Elv.
Hof - fe nim-mer uns zu täu - schen, uns zu
L'em - pio cre - de con tal fro - de, con tal
D. Oct.
Hof - fenimmer uns zu täu - schen uns zu täu - schen uns zu
L'em - pio cre-de con tal fro - de, con tal fro - de, con tal
fp
täu - schen durch dein schnö - des Gau - kel-spiel, durch dein
fro - de di nas-con - der l'em - pie - tà, l'em - - - pie -
f
p
(sie nehmen die Masken ab.)
Spiel.
tà.
Ehr - ver-
Tra - di-
Ja Ver - räther!
Sì, mal - ra-gio!
Ja ich bin es!
Sì Si - gno-re!
D. Juan.
Wie, El-vi-ra? Don Oc-ta-vio? Könnt ihr glauben...
Donna Elvi-ra? Don Ot-ta-vio? Ah, cre-de-te!

gess-ner, Ehr - vergess - ner schweig und zit - tre!
to - re! Tra - di - to re, tra - di - to - re!
Zerl. D. Elv.
Ehr - vergess - ner schweig und zit - tre!
Tra - di - to - re, tra - di - to - re!
Zerl.
Al - les Al - les wis - sen
Tut - to, tut - to già si
D. Oct.
Ehr - vergess - ner schweig und zit - tre!
Tra - di - to - re, tra - di - to - re!
Mas.
Ehr - vergess - ner schweig und zit - tre!
Tra - di - to - re, tra - di - to - re!
Al - les
Tut - to
D. Anna.
D. Elv. Al - les, Al - les wis - sen wir,
Tut - to, tut - to già si sa,
Al - les, Al - les wis - sen
tut - to, tut - to già si
wir, Al - les, Al - les wis - sen wir, Al - les,
sa, Tut - to, tut - to già si sa, tut - to,
Al - les, Al - les wis - sen wir,
Tut - to, tut - to già si sa,
Al - les, Al - les wis - sen
tut - to, tut - to già si
Al - les wis - sen wir, Al - les, Al - les wis - sen
Tut - to, già si sa, tut - to, tut - to già si
wir. Al - les, Al - les wis - sen wir, Al - les
sa, tut - to, tut - to già si sa, tut - to,
Al - les wis - sen wir, wis - sen wir. Al - les
tut - to già si sa, già si sa, tut - to,
wir. Al - les, Al - les wis - sen
sa, tut - to, tut - to già si
wir.
sa,
Al - les
tut - to,

Al-les! Al-les. Al-les wis-sen wir! Zittre,
tut-to, tut-to, tut-to già si sa. tut-to,
Al-les! Al-les, Al-les wis-sen wir! Zittre,
tut-to, tut-to, tut-to già si sa, tut-to,
wir! Al-les, Al-les wis-sen wir! Zittre,
sa, tut-to, tut-to già si sa, tut-to,
Al-les wis-sen wir, Alles. Alles wissen wir! Zittre,
tut-to già si sa tut-to, tut-to già si sa, tut-to,
cresc.
Allegro.
zittre, be-be!
tut-to, tut-to!
zittre. be-be!
tut-to. tut-to!
zittre. be-be!
tut-to, tut-to!
zittre. be-be!
tut-to, tut-to!
Allegro.
D. Anna.
D. Elv.
Zerl.
Be-be, be-be, Mis-se-
Tre-ma, tre-ma, scel-le-
cresc.
D. Oct.
Mas.
Be-be, be-be, Mis-se-
Tre-ma, tre-ma, scel-le-
cresc.

p
cresc.
thäter! Be - - - be.
ra-to! Tre - - - ma,
p
cresc.
thäter! Be - - - be,
ra-to! Tre - - - ma,
D Juan.
(sotto voce)
Mir ver-wir - ren sich die Sin - ne!
È con-fu - sa la mia te - sta!
Lepor.
(sotto voce)
Mir ver-wir - ren sich die Sin - ne!
È con-fu - sa la mia te - sta!
tr
p
cresc.
f
be - be, Mis - - se - thä-ter! Bald soll
tre - - ma, scel - - le - ra-to! Sa-prà
f
be - be, Mis - - se - thä-ter! Bald soll
tre - - ma, scel - - le - ra-to! Sa-prà
Kaum vermag ich mich zu
Non so più quel ch'io mi
Kaum vermag ich mich zu
Non sa più quel ch'ei si

al - le Welt mit Grau-en dein ver - ruch-tes Herz durch - schau-en, dei-ne
to-sto il mondo in - te - ro il mis fat-to or-ren-do e ne - ro, la tua
al - le Welt mit Grau-en dein ver - ruch-tes Herz durch - schau-en, dei-ne
to-sto il mondo in - te - ro il mis fat-to or-ren-do e ne - ro, la tua
fas - sen. Wild er - reg-te Stür - me ra - sen, drohn von al - len Sei - ten
fac - cia, e un'or - ri - bi - le tem - pe - sta mi nac cian-do, oh Dio, mi
fas - sen. Wild er - reg-te Stür - me ra - sen, drohn von al - len Sei - ten
fac - cia, e un'or - ri - bi - le tem - pe - sta mi - nac - cian-do, oh Dio, mi
f

grau-sam wil-de Gier, dei - ne grau - sam wil - de Gier!
fie - ra cru-del - tà, la tua fie - ra cru - del - tà!
grau-sam wil-de Gier, dei - ne grau - sam wil - de Gier!
fie - ra cru-del - tà, la tua fie - ra cru - del - tà!
mir! Mir ver-wir - ren
ra! È con-fu - sa
hier! Ihm ver-
ra! È con-
non legato
p

Be - be! Be - be!
Tre - ma! Tre - ma!
Be - be! Be - be!
Tre - ma! Tre - ma!
sich die Sin - ne, kaum ver-mag ich mich zu fas - sen! Wild er -
la mia te - sta, non so più quel ch'io mi fac - cia, e un' or -
wir - ren sich die Sin - ne, kaum ver-mag er sich zu fas - sen wild er -
fu - sa la sua te - sta, non sa più quel ch'ei si fac - cia, e un' - or.
cresc.
Be - be,
Tre - ma,
Be - be,
Tre - ma,
reg - te Stür - me ra - sen, drohn von al - len Sei - ten
ri - bi - le tem - pe - sta mi - nac - cian - do, oh Dio mi
reg - te Stür - me ra - sen, drohn von al - len Sei - ten
ri - bi - le tem - pe - sta mi - nac - cian - do, oh Dio mi
f

he - - - - - he,
tre - - - - - ma, o
he - be Mis - se - thä - ter. du Mis - se - thä - ter!
tre - ma, tre - ma, tre - ma, o scel - le - ra - to!
he - be Mis - se - thä - ter. du Mis - se - thä - ter!
tre - ma, tre - ma, tre - ma, o scel - le - ra - to!
mir! Mir ver-wir-ren sich die
ra! È con-fu-sa la mia
mir! Mir ver-wir-ren sich die
ra! È con-fu-sa la sua
Hör' des Don-ners Ra-che - stim-me!
O - di il tuon del - la ven - det - ta!
Hör' des Don-ners Ra-che - stim-me!
O - di il tuon del - la ven - det - ta!
Sin-ne. kaum vermag ich mich zu fas-sen. Wild er-reg-te Stür-me
te-sta, non so più quel ch'io mi fac-cia, e un' or-ri-bi-le tem-
Sin-ne. kaum vermag ich mich zu fas-sen. Wild er-reg-te Stür-me
te-sta, non sa più quel ch'ei si fac-cia, e un' or-ri-bi-le tem-

Hör' des Don-ners Ra-che-stim-me! Vor dem
O - di il tuon del-la ven-det-ta, che ti
Hör' des Don-ners Ra-che-stim-me! Vor dem
O - di il tuon del-la ven-det-ta, che ti
ra-sen drohn von al-len Sei-ten mir!
pe-sta mi-naccian-do, oh Dio, mi ra!
ra-sen drohn von al-len Sei-ten hier!
pe-sta mi-naccian-do, oh Dio, mi ra!
Blitz des Him-mels-zü-ge. weh' dir noch an die-sem Ta-ge tref-fe
fi-schia in-tor-no in-tor-no, sul tuo ca-po in que-sto gior-no il suo
Blitz des Him-mels-zu-ge. weh' dir noch an die-sem Ta-ge tref-fe
fi-schia in-tor-no in-tor-no, sul tuo ca-po in que-sto gior-no il suo
dich sein Feu-er-strahl. tref-fe dich sein Feu-er-strahl!
ful-mi-ne ca-drà, il suo ful-mi-ne ca-drà.
dich sein Feu-er-strahl. tref-fe dich sein Feu-er-strahl!
ful-mi-ne ca-drà, il suo ful-mi-ne ca-drà.
Mir ver-wir-ren
È con-fu-sa
Ihm ver-
È con-

Be - be!
Tre - ma!
Be - be!
Tre - ma!
Be - be!
Tre - ma!
Be - be!
Tre - ma!
sich die Sin - ne kaum ver-mag ich mich zu fas - sen! Wild er -
la mia te - sta, non so più quel ch'io mi fac - cia, eun' or
wir - ren sich die Sin - ne, kaum ver - mag er, sich zu fas - sen, wild er -
fu - sa la sua te - sta, non sa più quel ch'ei si fac - cia, eun' - or
cresc.
Be - be,
Tre - ma,
Be - be,
Tre - ma,
reg - te Stür - me ra - sen, drohn von al - len Sei - ten
ri - bi - le tem - pe - sta mi - nac - cian - do, oh Dio, mi
reg - te Stür - me ra - sen, drohn von al - len Sei - ten
ri - bi - le tem - pe - sta mi - nac - cian - do, oh Dio, mi
f

be - - - - - - - - be,
tre - - - - - - - - ma, o
be - be Mis - se - thä - ter, du Mis - se - thä - ter!
tre - ma, tre - ma, tre - ma, o scel - le - ra - to!
be - be Mis - se - thä - ter, du Mis - se - thä - ter!
tre - ma, tre - ma, tre - ma, o scel - le - ra - to!
mir!
ca!
Mir ver-wir-ren sich die
È con-fu - sa la mia
mir!
ca!
Mir ver-wir-ren sich die
È con-fu - sa la sua
Hör' des Don - ners Ra - che - stim-me!
O - di il tuon del - la ven - det - ta!
Hör' des Don - ners Ra - che - stim-me!
O - di il tuon del - la ven - det - ta!
Sin-ne, kaum vermag ich mich zu fas-sen.
te-sta, non so più quel ch'io mi - fac-cia,
Wild er-reg-te Stür-me
e un' or - ri - bi - le tem-
Sin-ne, kaum vermag ich mich zu fas-sen.
te-sta, non sa più quel ch'ei si fac-cia,
Wild er-reg-te Stür-me
e un' or - ri - bi - le tem-

Hör' des Don-ners Ra-che-stimme! Vor dem
O - di il tuon del-la ven-det-ta, che ti
Hör' des Don-ners Ra-che-stimme! Vor dem
O - di il tuon del-la ven-det-ta, che ti
ra-sen.drohn von al-len Sei-ten mir!
pe-sta mi-nacciando, oh Dio mi ra!
ra-sen.drohn von al-len Sei-ten hier!
pe-sta mi-nacciando, oh Dio mi ra!
Blitz des Him-mels-za-ge, weh' dir noch an die-sem Ta-ge tref-fe
fi-schia in-tor-no in-tor-no, sul tuo ca-po in que-sto gior-no il suo
Blitz des Him-mels-za-ge, weh' dir noch an die-sem Ta-ge tref-fe
fi-schia in-tor-no in-tor-no, sul tuo ca-po in que-sto gior-no il suo
dich sein Feu-er-strahl. tref-fe dich, tref-fe dich sein Feu-er-strahl!
ful-mi-ne ca-drà, sì ca-drà il suo ful-mi-ne ca-drà.
dich sein Feu-er-strahl. tref-fe dich, tref-fe dich sein Feu-er-strahl!
ful-mi-ne ca-drà, sì ca-drà il suo ful-mi-ne ca-drà.
Doch soll
Ma non
tr
p

Hör den Sturm!
O - di il tuon!
Hör' den Sturm!
O - di il tuon!
nie mein Muth er - lie - gen.
man - ca in me co - rag - gio,
Mag die
non mi
Doch wird nie sein Muth er - lie - gen!
Ma non manca in lui co - rag - gio,
f
p
Più stretto.
Hör den Sturm!
O - di il tuon!
Weh dir
Sul tuo
Hör den Sturm!
O - di il tuon!
Weh noch
Sul tuo
Welt in Trüm-mer ge - hen!
per - do, o mi con - fon - do.
Mag die Welt in Trümmer
Se ca - desse an - cora il
Mag die Welt in Trümmer ge - hen!
non si perde, o si con - fon - de,
Mag die Welt in Trümmer
Se ca - desse an - cora il
Più stretto.
f

noch an die-sem Ta-ge tref-fe dich der Ra-che Strahl tref - fe dich der
capo in que-sto gior-no il suo ful mi - ne ca - drà, il suo ful - mi -
heu - te weh' dir, noch heu - te tref-fe dich der
ca - po in que-sto gior - no il suo ful - mi -
gehn.tro - tze ich der Ra-che Strahl, trotz ich der Ra-che Strahl, der
mon.do, ca desse an - cora il mon-do nul-la mai-te - mer, te -
gehn.tro - tzet er der Ra-che Strahl, trotzt er der Ra-che Strahl, der
mon.do, ca desse an - cora il mon-do nul-la mai-te - mer, te -
Ra - che Strahl. Weh' dir, noch an die-sem Ta-ge tref-fe
ne ca - drà; Sul tuo capo in que-sto gior.no il suo
Ra - che Strahl. Weh' dir, heu - te Weh dir, noch
ne ca - drà; Sul tuo ca - po in que-sto
Ra - che Strahl. Mag die Welt in Trümmer gehn.tro - tze ich der Ra-che
mer mi fa, se ca - desse an - cora il mon.do ca - desse an - cora il
Ra - che Strahl. Mag die Welt in Trümmer gehn.tro - tzet er der Ra-che
mer lo fa, se ca - desse an - cora il mon.do ca - desse an - cora il

dich der Ra-che Strahl, tref - fe dich der Ra - che Strahl, tref-fe dich der Ra-che
ful-mi - ne ca-drà, il suo ful - mi - ne ca - drà, il suo ful-mi-ne ca-
heu - te tref-fe dich der Ra - che Strahl, tref-fe dich der Ra-che
gior - no, il suo ful - mi - ne ca - drà, il suo ful-mi-ne ca-
Strahl, trotz ich der Ra-che Strahl, der Ra - che Strahl, tro-tze ich der Ra-che
mon-do nul-la mai te - mer, te - mer mi fa, nul-la mai te-mer mi
Strahl, trotzt er der Ra-che Strahl, der Ra - che Strahl, tro-tzet er der Ra-che
mon-do nul-la mai te - mer, te - mer lo fa, nul-la mai te-mer lo
Strahl, tref-fe dich der Ra-che Strahl, tref-fe dich der Ra-che Strahl!
drà, il suo ful-mi-ne ca-drà, il suo ful-mi-ne ca-drà!
Strahl, tref-fe dich der Ra-che Strahl, tref-fe dich der Ra-che Strahl!
drà, il suo ful-mi-ne ca-drà, il suo ful-mi-ne ca-drà!
Strahl, tro-tze ich der Ra-che Strahl, tro-tze ich der Ra-che Strahl!
fa, nul-la mai te-mer mi fa, nul-la mai te-mer mi fa!
Strahl, tro-tzet er der Ra-che Strahl, tro-tzet er der Ra-che Strahl!
fa, nul-la mai te-mer lo fa, nul-la mai te-mer lo fa!

Ende des ersten Aufzugs.

ZWEITER AUFZUG. ATTO SECONDO.
Nº 14. Duett. Nº 14. Duetto.

D. Juan.
Gieb dich zu - frie - den, lass dich be - leh - ren, es wa - ren
Eh via, buf - fo - ne, sen - ti - mi, a - mi - co! va, che sei
nug! Wir sind ge - schie - den, mag nichts mehr hö - ren!
dar! No, no, pa - dro - ne: vo'an - dar, ti di - co,
fp
Pos - sen, es wa - ren Pos - sen, es wa - ren Pos - sen, es wa - ren Pos - sen, Pos - sen, Pos - sen,
mat - to: va, che sei mat - to, va, che sei mat - to, va, che sei mat - to, mat - to, mat - to,
Nein, nein, nein, nein,
no, no, no, no,
cresc.
f
Possen.
matto!
Es wa - ren
Va, che sei
Nein, nein, nein, nein, nein, nein, nein, nein, nein, nein, nein, mag nichts mehr hö - ren, ich hab ge -
no, no, no, no, no, no, no, no, no, no, no, non vo' re - star, no, non vo' re -
tr
p
cresc.
f
p
Pos - sen, es wa - ren Pos - sen, es wa - ren Pos - sen, es wa - ren Pos - sen, Possen, Possen,
mat - to, va, che sei mat - to, va, che sei mat - to, va, che sei mat - to, mat - to, mat - to,
nug ja, ja, ja, ja,
star, sì, sì, sì, sì.
cresc.
f

Pos-sen.
mat-to!
ja, ja, ja, ja, ja, ja, ja, ja, ja, ja, ja mag nichts mehr hö-ren, ich hab' ge-
sì, sì, sì, sì, sì, sì, sì, sì, sì, sì, sì, sì voglio an-dar, sì. sì, vo-glioan-
p
cresc.
f
p
Gieb dich zu-frie-den, zu-frie-den, wer-de doch klug! Gieb dich zu-
Eh via, buf-fo-ne, buf-fo-ne, non mi sec-car. Nò, che sei
nug! Wir sind ge-schie-den, wir sind ge-schie-den, ich hab' ge-nug! Wir sind ge-
dar. No, no, pa-dro-ne, no, no, pa-dro-ne, non vo' re-star! Ed io non
cresc.
p
frie-den, gieb dich zu-frie-den, wer-de doch klug, o wer-de klug, o wer-de
mat-to, va, che sei mat-to, fu per bur-lar, fu per bur-lar, fu per bur-
schie-den, wir sind ge-schie-den, ich hab' ge-nug, ich hab' ge-nug, ich hab' ge-
bur-lo, ed io non bur-lo, ma voglio an-dar, ma voglio an-dar, ma voglio an-
cresc.
p
fz
fz
klug, o wer-de klug!
lar, fu per bur-lar.
nug, ich hab' ge-nug. (will abgehen, Don Juan hält ihn zurück)
dar, ma voglio an-dar.
fz
f

Recitativ.
D. Juan.
Lepor.
D. Juan.
Lepor.
D. Juan.
Le-po-rel-lo! Eu'r Gnaden! Komm her, wir schliessen Frieden, nimm da! Was denn? Vier Du-
Le-po-rel-lo! Si-gno-re! Vien qui, fac-cia-mo pa-ce, pren-di. Co-sa? Quattro
fp
Lepor.
blo-nen. Gut doch hö-ret: Für diesmal sei's, will das Schmerzensgeld be-hal-ten, doch
dop-pie. Oh, sen-ti-te: per que-sta vol-ta la ce-ri-monia ac-cet-to: ma
merkt Euch: nur für dies-mal, und glaubt ja nicht, dass ihr mich so ver-führen könnt wie die
non vi ci av-vez-za-ste; non cre-de-ste di se-dur-re i miei pa-ri co-me le
D. Juan.
Weiber, durch Geld und schöne Wor-te. Und nun nichts mehr da-von! Bist du jetzt wil-lig, zu
don-ne a for-za di da-na-ri. Non parli-am più di ciò. Ti ba-sta l'ani-mo di
Lepor.
D. Juan.
thun, was ich dir sa-ge? Nur lasst mir von den Weibern! Die Weiber lassen? Dummkopf! Die Weiber
far quel ch'io ti di-co? Pur-chè las-ciam le don-ne. Lasciar le don-ne? paz-zo! las-ciar le
las-sen? So wis-se, dass sie mir nö-thig sind wie das Brod, das ich es-se, wie die
don-ne? Sai ch'el-le per me son ne-ces-sa-rie più del pan che man-gio, più dell'

Lepor.
D. Juan.
Luft, die ich athme. Und dennoch strebt ihr, sie al-le zu be-trügen? Aus reiner Lie-be. Wer nur
a-ria che spi-ro? Ea-ve-te co-re d'ingannar-le poi tut-te? È tutto a-mo-re. Chi a una
ei-ner getreu ist, begeht ein Unrecht an den andern; in meinem lie-be-be-dürf-ti-gen Herzen ist
so-la è fe-de-le, ver-so l'al-tre è cru-de-le; io che in me sen-to sì e-ste-so sen-ti-mento, vo'
Raum genug für Al-le und nur die Frauen, die das nicht begreifen, er-klä-ren die-se Lie-be für Be-
be-ne a tut-te quante; le don-ne poi che cal-co-lar non san-no il mio buon na-tural, chia-mano in-
Lepor.
trug. Von ei-ner gar so rei-chen, un-ver-sieg-ba-ren Lie-be hab' ich gar kei-ne Ahnung.
ganno. Non ho ve-du-to ma-i na-tu-ra-le più va-sto e più be-ni-gno.
D. Juan.
Nun wohl, was steht zu Diensten? Hö-re! Sahst du noch nicht das Kammerzöfchen von Donn' El-
Or-sù, co-sa vor-re-ste? O-di! Ve-de-sti tu la ca-me-rie-ra di Donn' El-
Moderato.
Lepor.
D. Juan.
vi-ra? Ich? Nein! Dann hast du nie-mals et-was Schö-nes ge-se-hen,
vi-ra? Io no. Non hai ve-du-to qual-che co-sa di bel-lo

mein gu-ter Le-po-rel-lo. Ich will mein Glück bei der Klei-nen ver-
ca-ro il mio Le-po-rel-lo. Ora io con le-i vo' ten-tar la mia
su-chen, und hab' be-schlossen, da der A-bend schon her-ein-bricht, um sie
sor-te; ed ho pen-sa-to, giac-chè siam ver-so se-ra, per a-guz-
leich-ter noch zu be-thö-ren mich in dei-nen Kleidern ihr zu prae-sen-
zar-le me-glio l'ap-pe-ti-to, di pre-sen-tar-mia lei col tuo ve-
Lepor.
ti-ren. A-ber wär es nicht bes-ser, Ihr be-hiel-tet die Eu-ren? Bei Leuten
sti-to. E per-chè non po-tre-ste pre-sen-tar-vi col vo-stro? Han po-co
D. Juan. Lep.
niedren Stands ha-ben vornehme Kleider sel-ten viel Cre-dit. Vorwärts nur, ei-lig! O
cre-di-to con gen-te ti tal rango gli a-bi-ti si-gno-ri-li. Sbri-ga-ti, vi-a. Si-
D. Juan.
Herr, wenn Ihr be-dächtet... Kein Wort mehr, ich dul-de kei-nen Widerspruch.
gnor.... per più ra-gio-ni. Fi-ni-sci-la, non soffro op-po-si-zio-ni.
fz
f

No 15. Terzett. No 15. Terzetto.

(stellt sich hinter Leporello)
ein, nimm mei-ne Stel-le ein! El-vi-ra, du mein
là! tu fer-ma-ti un po' là! El-vi-ra, i-do-lo
Leben! El-vi-ra, du mein
mi-o! El-vi-ra, i-do-lo
D. Elv.
D. Juan.
Le-ben! Ist das nicht sei-ne Stimme? Ja
mi-o... Non è co-stui l'in-gra-to? Sì
sf
mf
p
ich bin's, ein-zig Ge-lieb-te, der reu-voll zu dir
vi-to mi-a, son i-o e chieg-go ca-ri-
Heiss fluthen mir im Her-zen sehn-sücht'ger Lie-be Schmer-zen
Nu-mi, che strano af-fet-to mi si risveglia in pet-to,
Lepor.
fleht! Merk schon, die gu-te När-rin läuft nochmals ihm in's
tà! State a ve-der la paz-za, che an-cor gli cre-de-

sehnsücht - ger Lie - be Schmerzen!
mi si ri - sveglia in pet - to.
D. Juan.
Garn, sie läuft noch ein - mal ihm in's Garn.
rà, gli cre - de - rà, gli cre - de - rà.
O komm her - ab, mein
Di - scen - di, o gio - ja
cresc.
p
Liebchen, o komm, mein Lieb - chen! Ich schwö - re dir auf's
bel - la, o gio - ja bel - la, ve - drai che tu sei
Neu - e für Tod und Le - ben Treu - e, er - hö - re mein
quel - la, che a - do - ra l'al - ma mi - a pen - ti - to io
D. Elv.
Dir glaub ich nun und nim - mermehr,
No, non ti cre - do o bar - ba - ro,
ren - ig Flehn!
so - no gio!
Ach
Ah,
fp
fp

dir glaub ich nun und nimmer mehr, dir glaub ich nun und nimmermehr,
no, non ti cre-do,o bar-bo-ro, no non ti cre-do,o bar-ba-ro,
glau-be mir! Ach, glau-be mir! Ach,
cre-di-mi, ah, cre-di-mi, ah,
nun und nimmer!
non ti cre-do.
glau-be mir, sonst ver-zweifl' ich, sonst ver-
cre-di-mi, o m'uc-ci-do, o m'uc-
Lepor.
Ich kann nicht mehr vor La-chen,
Se se-gui-ta-te,io ri-do,
cresc.
zweifl' ich, sonst ver-zweifl' ich!
ci-do, o m'uc-ci-do!
ich kann nicht mehr vor La-chen, ich kann nicht mehr,ich la-che, la-che, la-che,
se se-gui-ta-te,io ri-do, se se-gui-ta-te,io ri-do, ri-do, ri-do,
poco cresc.
Lieb-chen,o komm her-ab.
i-do-lo mio vien' quà!
lache, lache, lache, lache,lache, la-che, lache.
rido, rido, rido, rido, rido, ri-do, ri-do.

D. Elv.
Gott schenke jetzt mir Gnade,
Dei, che ci-men-to è questo?
D. Juan.
Dank dir, o Se - re - na-de,
Spe - ro che ca - da presto!
Lepor.
Sie glaubt der Mas - ke - ra - de!
Già quel menda - ce labbro
tr
zeig' mir die rech - ten Pfa - de! Wie könnt' ich
Non so s'io va - do o re - sto? Ah! pro - - - - teg -
hilf du nun, Mas - ke - ra - de! Dass ich im Ködern
Che bel col - pet - to è que - sto? Più fer - ti - le ta -
Nun schenke Gott ihr Gna - de! Schützt er sie
tor - na a se - dur co - ste - i! Deh, pro - - - - teg -
fz
mf
p
sei - - - - nem Fle-hen noch län - ger wi - der -
ge - - - - te ro - i la mia cre - du - li -
Meister, muss Je - der zu - ge - stehn, muss Je - der zu - ge - ste - hen, ja, muss
len - to del mio no non si dà, più fer - ti - le ta - len - to, no, del
nicht vor Un - heil, dann ist's um sie ge -
ge - - - te, oh De - i! la sua cre - du - li -
mf
p

stehn, noch wi - der - stehn. Gott schenke jetzt mir Gna - de, zeig' mir die rechten
tà, — cre - du - li - tà! Dei! che ci - mento è que - sto? Dei! che ci - mento è
Je - der zu - ge - stehn. Dank dir, o Se - re -
mio, no, non si dà! Spe - ro che ca - da
schehn, um sie ge - schehn.
tà, cre - du - li - tà!
Pfa - de, o schenk mir Gna - de, zeig' mir die
que - sto? non so s'io ra - do, non so s'io
na - de, hilf du nun, Mas - ke - ra - de, du Mas - - ke -
pre - sto, che bel col - pet - to è que - sto, che bel — col -
Sie glaubt der Mas - ke - ra - de, nun schenke Gott ihr
Già quel men - da - ce lab - bro tor - na a se - dur co -
cresc.
Pfa - de, Gott schenke jetzt mir Gnade, zeig' mir die rechten Pfa - de!
re - sto... Dei! che ci - mento è questo? non so s'io ra - do, o re - sto.
ra - de, Dank dir, o Se - re - na - de, hilf du nun, Maske - ra - de!
pet - to. Spe - ro che ca - da pre - sto, che bel col - pet - to è que - sto!
Gna - de, sie glaubt der Maske - ra - de, nun schenke Gott ihr Gna - de!
ste - i, già quel men - da - ce lab - bro tor - na a se - dur co - ste - i.
f
p

Wie könnt' ich sei - - - nem
Ah, pro - teg - ge - te
Dass ich im Kö-dern Meister, muss Je-der zu-ge-
Più fer-ti-le ta-len-to del mio, no, non si
Schützt der sie nicht vor
Deh! pro - teg - ge - te, oh
mf
p
Fle-hen noch län-ger wi-der-stehn, noch wi-der-stehn, noch
vo-i la mia cre-du-li-tà, cre-du-li-tà, la
stehn, muss Je-der zu-ge-stehn, ja, muss Je-der zu-gestehn;
dà, più fer-ti-le ta-len-to, no, del mio no, non si dà,
Un-heil, dann ist's um sie geschehn, um sie geschehn,
De-i la sua cre-du-li-tà, cre-du-li-tà,
cresc.
(Sie verlässt das Fenster.)
län-ger wi-der-stehn, noch län-ger wi-der-stehn.
mia cre-du-li-tà, la mia cre-du-li-tà!
mir zu-gestehn, mir zu-gestehn.
no, non si dà, no, non si dà!
um sie geschehn, um sie geschehn.
cre-du-li-tà, cre-du-li-tà!
pp

Recitativ.
D. Juan (sehr heiter).
Lepor.
D. Juan.
Nun Freund, was sagst du jetzt? Dass Eu-er Herz noch härter ist, als Erz. Geh,
A-mi-co che ti par? Mi par che abbiate un' a-ni-ma di bronzo. Va
geh, sei nicht so albern! Nun gieb wohl Achtung: Siehst du die Thür sie öffnen, so eilst du ihr entgegen, schliesst sie
là, che se' il gran gonzo. A-scol-ta be-ne: quando co-stei qui viene, tu corri ad abbracciarla, fal-le
in deine Arme, und ahmst meine Stimme nach; dann suchest du von hier mit Schmeicheln und List sie zu ent-
quattro carezze, fin-gi la vo-ce mia; poi con bell' ar-te cer-ca te-co con-darla in altra
Lepor.
D. Juan.
Lepor.
fer-nen. Doch, Eu'r Gnaden! Keinen Wi-derspruch! Wenn sie mich nun erkennt?
par-te. Ma, Si-gno-re... Non più re-pli-che! E se poi mi co-no-sce?
D. Juan.
Sie er-kennt dich nicht, wenn du nicht willst. Stille: sie kommt schon! Nun gilt es!
Non ti co-no-sce-rà, se tu non vuoi. Zit-to: ell' a-pre: ehi giu-di-zio!
DRITTE SCENE.
D. Elv.
D. Juan.
Lepor.
D. Elv.
Ich hab' dich wieder! Lass sehen, was er thut! (Schöne Geschichte!) Darf ich glauben, dass
Ec-co-mi a vo-i. Veg-gia-mo che fa-rà. (Che bel im-broglio!) Dunque cre-der po-
pp

endlich meine Klagen doch dein Herz noch bewegt, und dass voll Reue mein heissgeliebter
trö chei pianti mie-i ah-bian vin-to quel cor? Dunque pen-ti-to, l'a-ma-to Don Gio-
Lepor.
D. Elv.
Gatte, treu seiner Pflicht zu-rück in mei-ne Ar-me kehrt? Ja, Ge-lieb-te! Du
van-ni al suo do-ve-re e all' a-mor mio ri-tor-na? Si, ca-ri-na! Cru-
sfp
Bö-ser, wenn du wüsstest, wie viel Thrä-nen und wie vie-le Seuf-zer du mich ge-
de-le! se sa-pe-ste, quan-te la-gri-me e quan-ti so-spir voi mi co-
Lepor.
D. Elv.
Lepor.
D. Elv.
kostet! Ich dich gekostet? Ja, du! Ach, du Arme, das thut mir sehr leid! Bleibst du nun stets auch
state! Io, ri-ta mi-a? Vo-i. Po-ve-ri-na! Quanto mi di-spiace! Mi fug-gi-re-te
Lepor.
D. Elv.
Lepor.
D. Elv.
Lepor.
mein? Ja, Zuckermäulchen! Und wirst mich nie ver-lassen? Niemals! Gelieb-te-ster! Ge-
più? No, mu-so bel-lo! Sa-re-te sempre mi-o? Sempre. Ca-ris-si-mo! Ca-
D. Elv.
Lepor.
D. Elv.
liebteste! (Der Spass ist gar nicht ü-bel.) Du, mein Alles! Meine Ve-nus! Ach für dich bin ich ganz
ris-si-ma! (La bur-la mi da gusto.) Mio te-so-ro! Mia Ve-nere! Son per voi tut-to

Lepor.
D. Juan.
D. Elv.
Flamme! Und ich ganz A - sche. (Der Schlingel fängt schon Feu-er!) Und
fo - co. Io tut - to ce - ne - re. (Il bir - bo si ri - scal - da.) E
Lepor.
D. Elv.
Lepor.
wirst du stets mir treu sein? Das versteht sich. So schwör' es mir! Ich schwör's bei diesem Händchen, das
non m'ingan - ne - re - te? No, si - cu - ro. Giu - ra - te - mi. Lo giu - ro a questa ma - no, che
D Elv. (Elv. und Lepor. fliehen)
D. Juan (indem er thut als ob er Jemanden tödten wolle).
O Himmel!
Oh Nu - mi!
Lepor.
D. Juan.
ich voll Innbrunst küsse, bei diesen Augen - He, hollah, he! Du musst sterben! O Himmel! He,
ba - cio con tras - por - to, e a quei bei lu - mi. Ih eh ah ih: sei morto! Oh Nu - mi! Ih
cresc.
hol - la, hol - la, he! Die Sa - che geht ja ganz nach Wunsche. Lass se - hen!
eh ih eh ah ih! Par che la sor - te mi se - con - di: veg - giamo.
Moderato.
Dieses hier ist ihr Fenster, nun frisch ge - sun - gen.
Le fi - ne - stre son que - ste: o - ra can - tia - mo.
attacca

Nº 16. Canzonetta.

Allegretto.
D. Juan.
Feins-
Deh
lieb - chen komm an's Fen - ster, er - hör' mein Fle - hen! O
vie - ni al - la fi - ne - stra, o mio te - so - ro! Deh
ei - le, mei - nem Schmerz Bal - sam zu spen - den.
vie - ni a con - so - lar il pian - to mi - o.
Kannst mei - ne Lie - be du grau -
Se ne - ghi a me di dar qual -
sam ver schmä - hen, dann mag ein ra - scher Tod mein
che ri - sto - ro, da - van - ti a - gli oc - chi tuoi mo -

Le - ben en - - den. Dein
rir vo - gl'i - - o! Tu
ho - nigsü - sses Münd - chen hold mir lach - te, lieb - lich strahlt mir dein
ch'hai la boc - ca dol - ce più che il me - le, tu che il zuc - che - ro
Au - ge, wie Mai - en - son - ne! Ach,
por - ti in mez - zo il co - re! Non
dass in Lie - bes - pein ich nicht ver - schmach - te, gön - ne mir ei - nen
es - ser, gio - ja mia, con me cru - de - le: la - scia - ti al - men ve -
Blick, du mei - ne Won - ne!
der, mio bell' a - mo - re!

VIERTE SCENE. (Masetto und Bauern treten auf.)

Recitativ.

D. Juan.
Es regt sich was am Fen-ster, ja sie ist es.... Pst, pst.... Nur un-ver-
V'è gen-te al-la fi-ne-stra: forse è des-sa: zi zi! Non ci stan-
Mas. (zu den Bauern).
dros-sen, ihr wer-det se-hen, wir fin-den ihn hier.
chia-mo: il cor mi di-ce che tro-var-lo dob-biam.
D. Juan.
(Ich hö-re sprechen.)
(Qual-cu-no par-la.)
Mas.
Bleibt stehen hier! Mir scheint als ob dort sich et-was re-ge.
Fer-ma-te-vi: mi pa-re che al-cu-no qui si muo-va.
D. Juan.
(Irr' ich nicht, ist's Ma-set-to.)
(Se non fal-lo, è Ma-set-to.)
Mas.
Wer ist da? Kei-ne Ant-wort! Muth, das Ge-wehr an die Ba-cken! Wer ist da?
Chi va là? non ri-spon-de. A-ni-mo, schiop-po al mu-so! Chi va là?
D. Juan.
(Es sind vie-le: da heisst es klug sein.)
(Non è so-lo: ci vuol giu-di-zio.)
(ahmt Leporello's Stimme nach)
Ihr Freunde! (Kennen darf man mich nicht.) Bist du's, Ma-set-to?
A-mi-ci... (non mi vo-glio sco-prir.) Sei tu Ma-set-to?
Mas. (zornig).
Gra-de der bin ich, und
Ap-pun-to quel-lo: e

D. Juan.
Mas.
du? Kennst du mich nicht mehr? Ich bin ja der Diener jenes Don Juan. Le-po-
tu? Non mi co-no-sci? il ser-vo son io di Don Gio-van-ni. Le-po-
D. Juan.
rel-lo! der Die-ner je-nes saub-ren Ca-va-lie-res? Frei-lich,
rel-lo! ser-vo di quell' in-de-gno ca-va-lie-re! Cer-to,
Mas.
je-nes Schurken. Je-nes ehr-lo-sen Buben! Kannst du mir sagen, wo wir ihn finden
di quel bric-co-ne. Di quell' uom senza o-no-re: ah, dimmi un po-co, do-ve possiam tro-
D. Juan.
kön-nen? Wir ha-ben uns ver-eint, ihn todt-zuschla-gen. (Ei-ne Kleinigkeit!)
var-lo, lo cer-co con co-stor per tru-ci-dar-lo. (Ba-ga-tel-le!)
(zu Masetto)
Mein guter Freund Masetto, ich schliesse mich euch an, dem schändlichen Patron eins auf-zu-
Bravis-si-mo Maset-to! anch'io con voi m'u-nisco, per far-gliela a quel bir-bo di pa-
pel-zen. Zuvor doch hört, was ich mir aus-ge-son-nen.
dro-ne; ma u-dite un po', qual è la mia inten-zio-ne.

Nº 17. Arie. Nº 17. Aria.

D. Juan.
Ihr geht nach je - ner Seite hin, durch die - se Gas - se ihr!
Me - tà di voi quà va - da - no, e gli al - tri va - dan là,
Nur klug und still, dann fangt ihr ihn. er
e pian pianin lo cer - chi - no, lon -
ist nicht weit von hier ja, ja, ja, er ist nicht weit von
tan non fia di quà, no, lon - tan lon - tan non fia di
hier.
quà.
Seht ihr ein zärtlich Pärchen die Strasse hin spa -
Se un uomo e u - na ra - gaz - za pas - seggian per la
zie - ren, hört unter ei - nem Fenster von Lie - be ihr par - li - ren, dann habt ihr ihn, dann
piazza, se sotto a una fi - nestra fa - re all' a - mor sen - ti - te, fe - ri - te pur, fe -
p
tr

packt ihn, zerschlaget und zer-hackt ihn,
ri - te, fe - ri - te pur fe - ri - te:
den sau-bern Ca - va-
il mio padron sa-
lier!
rà!
Noch mer-ke sich ein Je - der
In te-sta egli ha un cap-pel - lo
am Hut die weisse Fe - der.
con can-di-di pen-noc-chi,
den gro - ssen, wei - ten
ad-dos - so un gran man-
cresc.
Man - tel, das Schwert am Ban - - de - lier. das
tel - lo, e spa - da al fian - - co egli ha; e
Schwert am Ban - de - - lier. das Schwert am Ban - de - -
spa - da al fian - co e - - gli ha, e spa - da al fian - co e - -

lier, drankennt ihr, glaubet mir den saubren Ca - va - lier.
gli ha, e spada al fian-co e-gli ha, e spada al fian-co e-gli ha.
cresc.
p
Seht ihr ein zärtlich Pär - chen die Strasse hinspa - zie - ren,
Se un uom e u - na ra - gaz - za passeggian per la piazza,
hört un - ter ei - nem Fen - ster von Lie - be ihn par - li - ren. dann
se sotto a una fi - ne - stra fare all'a - mor sen - ti - te, fe -
packt ihn, dann packt ihn, erschlaget und zer - hackt ihn, erschlaget und zer -
ri - te, fe - ri - te, fe - ri - te pur, fe - ri - te, fe - ri - te pur, fe -
cresc.
f
decresc.
hackt ihn erschlagt ihn! Ihr geht nach je - ner Sei - te hin. durch
ri - te, fe - ri - te! Me - tà di voi quà va - da - no, e
p

die - se Gas - se ihr.
gli al - tri va - dan là.
nur klug und still dann fangt ihr ihn.
E pian pianin lo cer - chi - no.
er ist nicht weit von hier, ja. ja.
lon - tan non fia di quà. no, lon -
ja. er ist nicht weit von hier. Nur hurtig ohne Wei - len. nur hurtig ohne
tan, lontan non fia di quà. An - da - te, fa - te presto, an - da - te, fa - te
tr
f
p
(Die Bauern gehen ab.) (zu Masetto.)
Weilen, ohne Weilen, ohne Weilen, ohne Weilen, ohne Wei - len! Nur du, du bleibst bei
presto, fate presto, fate presto, fate presto, fate presto! Tu sol, ver - rai con
cresc.
mir, nur du, du bleibst bei mir, du bleibst bei mir, du bleibst bei mir! Glaub
me, tu sol ver - rai con me, ver - rai con me, ver - rai con me. Noi
sfp

mir, o Freund Ma - set - to, den Rest besor - gen wir, ja, ja, ja,
far dob - bia - mo il re - sto, e già vedrai cos' è, cos' è, cos'
ja! Glaub mir o Freund Ma - set - to, den Rest be - sor - gen
è, noi far dob - bia - mo il re - sto, e già ve - drai cos'
wir, ja, ja, ja, ja, den Rest besor - gen wir, ja, ja, ja, ja, den Rest besor - gen
è, cos' è, cos' è, e già vedrai cos' è, cos' è, cos' è, e già vedrai cos'
wir, den Rest besorgen wir, den Rest besorgen wir, den Rest besorgen wir.
è, e già vedrai cos' è, e già vedrai cos' è, e già vedrai cos' è.
sfp
fp
f

FÜNFTE SCENE.

Recitativ.

D. Juan.
Stil - le, lass mich erst hor-chen! Al - les in Ord - nung! Al - so wir woll'n ihn er -
Zit - to! la - scia ch'io sen - ta. Ot - ti - ma - men - te! Dun - que dob-biam uc - -
p
Mas.
D. Juan.
mor - den? Versteht sich. Doch wär's nicht auch genug, ihn durchzu - prü - geln, ein paar Rippen ihm zu
cider - lo? Si - cu - ro. E non ti ba - ste - ria rom - per - gli l'os - sa, fracas - sar - gli le
Mas.
D. Juan.
Mas.
brechen? Nein, nein, ich will ihn mor - den, in Stü - cke ihn zer - reissen! Hast du Waffen? Ei
spalle? No, no, voglio ammaz - zar - lo, vo' farlo in cen - to bra - ni Hai buone arme? Co -
fz
fz
D. Juan.
Mas.
freilich! Zu - erst hier die Mus - ke - te, und dann noch die Pis - to - le. Was sonst noch? Ge -
spet - to! ho pria questo mo - schet - to, e poi que - sta pi - sto - la. E po - i? Non
p
D. Juan.
nügt's nicht? Ei, es genügt schon. So nimm denn: Dieses für die Pi - sto - le. dieses für die Mus -
ba - sta? Eh ba - sta, cer - to. Or pren - di: que - sta per la pi - sto - la, questa per il mo -
trem.
fz p
Mas.
D. Juan.
ke - te. Au, au, mein Kopf, mein Rücken! Schweig, o - der stirb! Nimm dies für das Er -
schetto. Ahi! ahi! la te - sta mi - a! Ta - ci o t'uc - ci - do Que - sta, per ammaz -

(geht ab)
morden, und dies für das Zer - reissen Da hast du, dei-nen Lohn, du dummer Tölpel!
zar-lo; que-sta, per farlo in bra-ni. Vil-la-no! mascal-zon! cef-fo da ca-ni!
f
fz
SECHSTE SCENE.
Mas.
Zerl.
O weh, mein armer Schädel! O weh, mein Rücken, die Schulter... Wenn mein
Ahi! ahi! la te-sta mi-a! ahi! ahi! le spal-le e il pet-to! Di sen-
fp
Mas.
Ohr mich nicht täusch-te, so hört ich Ma-set-to ru-fen. O weh, Zer-
ti-re mi par-re la vo-ce di Ma-set-to. Oh Dio! Zer-
p
Zerl.
Mas.
li-na, o mein Zer-lin-chen, zu Hül-fe, Sag' was ist dir? Der
li-na! Zer-li-na mi-a. soc-cor-so! Co-sa è sta-to? L'i-
Zerl.
Mas.
Schurke, der freche Bube hat die Knochen mir zerschlagen! Wehe mir armen Frau! Wer? Le-po-
ni-quo, il scel-le-ra-to mi rup-pe l'ossa e i ner-vi! Oh po-ve-ret-ta me! chi? Le-po-
Zerl.
rel-lo, wenn nicht der Teu-fel in sei-ner Ge-stalt. Da siehst du! Sagt' ich's nicht
rel-lo! o qual-che dia-vol che so-miglia a lu-i. Cru-del! non tel diss'

im - mer, dass dein thö - rich - tes ei - fer-sücht'-ges We - sen dich noch in
i - o, che con que - sta tua paz - za ge - lo - si - a ti ri - dur -
schreck-li-che Händel bringen wer - de? Wo fühlst du Schmerzen? Hier! Wo
re - sti a qual-che brut-to pas - so? Do - ve ti duo - le? Qui! E
Mas.
Zerl.
sonst noch? Hier, und hier, und da! Sonst fühlst du keine Schmerzen? Wie du fragst noch nach
po - i? Qui, e an - co - ra qui. E poi non ti duol al - tro? Duolmi un poco questo
mehr - ich hab an denen grade ge - nug. Ei nun, das thut nicht viel, wenn du sonst nur gesund bist.
piè, questo braccio, e questa mano. Via, via, non è gran mal, se il re - sto è sa - no.
Komm schön mit mir nach Hau - se und wenn du mir versprichst, dei - ne Ei - fer - sucht zu
Vien - te - ne meco a ca - sa; pur - che tu mi pro - met - ta d'es - se - re men ge -
las - sen, dann will ich dich schon hei - len, mein Ma - set - to.
lo - so, io, io ti gua - ri - rò, ca - ro il mio spo - so.

№ 18. Arie. № 18. Aria.

Grazioso.
Zerl.
Ich weiss ein
Ve-drai, ca-
mezza voce
p
Mit-tel, das dir mein Schätzchen, wenn du fein fromm bist, Heilung ver-schafft.
ri-no, se sei buo-ni-no, che bel ri-me-dio ti vo-glio dar.
'S ist so na-tür-lich, mundet so köst-lich, kein A-po-
È na-tu-ra-le, non dà di-sgu-sto e lo spe-
the-ker kennt seine Kraft, nein kein A-po-the-ker kennt seine Kraft.
zia-le non lo sa far, no, non lo sa far, no, non lo sa far.
Ja, dieser Balsam, er wirkte schon Wun-der, magst du ihn ko-sten, bin ich be-reit.
È un certo balsamo che porto ad-dos-so, da-re tel pos-so se il vuoi pro-var.

Willst du auch wis - sen, wo ich ihn ber-ge, wo
Sa - per vor - re - sti do - ve mi sta, do - ve
ich den Bal - sam ber - - ge? Fühlst du es
do - ve, do - ve mi sta? Sen - ti - lo
klo - pfen hier? Das heilt dein Leid! Fühlst du es klopfen hier, fühlst du es
bat - te - re, toc - ca - mi quà; sen - ti - lo bat - te - re, sen - ti - lo
klopfen hier? Das heilt dein Leid. Fühlst du es klopfen hier, fühlst du es
bat - te - re, toc - ca - mi quà! sen - ti - lo bat - te - re, sen - ti - lo
klopfen hier, fühle dies Klopfen hier, das heilt dein Leid, dein, Leid! —
bat - te - re, sen - ti - lo bat - te - re, toc - ca - mi quà! quà! quà! —

Fühlst du es klo - pfen hier, füh-le dies Klopfen. füh-le dies Klopfen. füh-le dies
sen - ti - lo bat - te - re, toc-ca-mi quà,quà! toc-ca-mi quà,quà! toc-ca-mi
pp
(geht ab mit Masetto)
Klopfen. das heilt dein Leid.
quà, quà! toc - ca - mi quà!
cresc.
f
tr
p
pp
SIEBENTE SCENE. (Dunkle Vorhalle im Hause der Donna Anna.)
(Verwandlung.)
Recit.
Lepor.
Ich se-he Fa-ckelnschimmern, ja, sie kom-men hier her; lass' uns hier war-ten,
Di mol-te fa-cil lu - me sav-vi - ci - na,o mio ben; stia-mo qui un po-co,
D.Elv.
bis sie vor-bei ge-gan-gen. Was be - sorgst du, an - ge - be - te - ter Gat - te?
fin - chè da noi si sco - sta. Ma che te - mi, a - do - ra - to mio spo - so?

Nº 19. Sextett.

(geht tastend umher)
ge-bens, wie ich su-che, kei-ne Thü-re, kei-ne Thü-re ist zu fin-den...
cer-co, men ri-tro-ro que-sta por-ta, que-sta por-ta scia-gu-ra-ta;
sach-te, sach-te ja da ist sie, ja, da
pia-no, pia-no, l'ho tro-ra-ta, l'ho tro-
ist sie; jetzt ver-schwin-de ich von hier, jetzt ver-schwin-de ich von
ra-ta, ec-co il tem-po di fug-gir, ec-co il tem-po di fug-
hier. jetzt verschwinde, jetzt verschwinde, jetzt verschwinde ich von hier.
gir, ec-co il tem-po, ec-co il tem-po, ec-co il tem-po di fug-gir.
(verfehlt die Thür)
(Donna Anna und Don Octavio mit Fackelträgern)
pp
Ped.
D. Oct.
Heb' em-por die feuch-ten Au-gen, o lass ab gar
Tergi il ci-glio, o vi-ta mi-a, e dà cal-ma al
pp

dei - - - nem Kum - mer! Selbst
tuo do - lo - re, l'om - - - - -
dei - - - nes Va - ters tie - fen Schlum - mer,
bra od - dio del ge - ni - to - re
tr
stört im Grab der Thrä - - - nen
pe - - na a - - vrà del tuo mar -
D. Anna.
Lass' mich kla - - -
La scia al - men
Fluth, der Thrä - - - nen Fluth.
tir, del tuo mar - tir!
- gen, lass mich wei - nen, gön - ne mir den Trost der
al - la mia pe - na que - sto pic - co - lo ri -

Thrä - nen! Erst im Gra - be,
sto - - ro! Sol la mor - te,
erst im Gra - be wird mein Seh - - nen
sol la mor - te, o mio te - so - - ro,
wird mein Schmerz er - lo - schen sein, wird mein
il mio pian - to può fi - nir, il mio
Schmerz er - lo - - - schen
pian to può fi - -
D. Elv. (ohne bemerkt zu werden)
Lepor.
sein! Ach wo mag der Gat - te wei - len? Trifft sie
nir. Ah, dov'è lo spo - so mi - o? Se mi

D.Elv.
Hier die Thür, nun will ich ei-len sach-te, sach-te, fort von
U-na por-ta là vegg' i-o, che-to, che-to io vo' par-
mich. bin ich ver-lo-ren!
tro-va, son per-du-to!
Hier die Thür, nun will ich
U-na por-ta là vegg'
hier, sach-te, sach-te fort von hier,
tir, che-to, che-to io vo' par-tir!
ei-len, sach-te sach-te fort von hier, hier die Thür, nun will ich ei-len, sachte, sach-te fort von
i-o, che-to, che-to io vo' par-tir, che-to, che-to, che-to, che-to, che-to, che-to io vo' par-
ACHTE SCENE.
Zerl.
Halt! Mis-se-thä-ter, nicht von der Stel-le!
Fer-ma, bric-co-ne, do-ve ten va-i?
D.Anna.
Wie, der Ver-rä-ther lässt sich hier
Ecco il fel-lo-ne Com' e-ra
D. Ott.
Wie, der Ver-rä-ther lässt sich hier
Ecco il fel-lo-ne... Com' e-ra
Mas.
(Lep. verhüllt das Gesicht.)
Halt! Mis-se-thä-ter, nicht von der Stel-le!
Fer-ma, bric-co-ne, do-re ten va-i?
hier!
tir!

sehn! Tod diesem Schändlichen, der mich ver-ra - then, der mich ver-rathen!
quà! Ah mora il per-fido! che m'ha tra-di - to, che m'ha tra-di-to!
Tod diesem Schändlichen, der mich ver-ra - then, der mich ver-rathen!
Ah mora il per-fido! che m'ha tra-di - to, che m'ha tra-di-to!
sehn! Tod diesem Schändlichen, der mich ver-ra - then, der mich ver-rathen!
quà! Ah mora il per-fido! che m'ha tra-di - to, che m'ha tra-di-to!
Tod diesem Schändlichen, der mich ver-ra - then, der mich ver-rathen!
Ah mora il per-fido! che m'ha tra-di - to, che m'ha tra-di-to!
p
D. Anna. sotto voce
Was muss ich se-hen?
È Donna Elvi-ra?
D. Elv.
Schont mei-nes Gat-ten, er-hört, erhört mein Flehn!
È mio ma-ri-to pie-tà, pie-tà, pie-tà!
Zerl. sotto voce
Was muss ich
È Don-na El-
Was muss ich se-hen? Don-na El-
è Don-na El-vi-ra? quel-la ch'io
se-hen? Was muss ich se-hen? Don-na El-
vi-ra? è Don-na El-vi-ra? quel-la ch'io
D. Ott. sotto voce
Was muss ich sehn was muss ich se-hen? Don-na El-
È Donna El-vi-ra? Don-na El-vi-ra? quel-la ch'io
Mas.
Was muss ich se-hen? Don-na El-
È Don-na El-vi-ra? quel-la ch'io

vi - ra. kaum kann ich's ver - ste - hen!
re - do? ap - - pe - na il cre - do!
vi-ra? Kaum kann ich's ver - ste - hen, kaum kann ich's ver - ste - hen!
re-do? ap - pe - - na il cre - do ap-pe - na il cre - do!
D. Elv.
Er - hört mein
Pie - tà, pie -
vi - ra? Kaum kann ich's ver - ste - hen!
re - do? ap - - pe - - - na il cre - do!
D. Anna u. Zerl.
Nein, nein, nein, nein! Er stirbt!
No, no, no, no! mor - rà!
D. Elv.
Flehn! Er -
tà. Pie -
Nein, nein, nein, nein! Er stirbt!
No, no, no, no! mor - rà!
Nein! Nein!
No, No!
bar - men! Er - bar - men! Er - hört mein
tà! pie - tà! pie - tà, pie -
Nein! Nein!
No, No,

nein, nein, nein, nein! Er stirbt.
no, no, no, no, mor - rà!
Flehn! Er stirbt.
tà! mor - rà!
nein, nein, nein, nein! Er stirbt.
no, no, no, no, mor - rà!
Lepor.
nein, nein, nein, nein! Er stirbt. Ach habt Er-
no, no, no, no, mor - rà! Perdon, per-
f
p
bar - men und schont mich Ar - men! Dies hier sind lei - der
do - no! Si - gno - ri mie - i! quello io non so - no
p
p
nur sei - ne Klei - der! Der, den Ihr sucht, ist weit Barmherzig-
sbaglia co - ste - i vi - ver la - scia - te - mi per ca - ri-
p
cresc.
f
p
keit, der den Ihr sucht ist weit, Barm - her - zig - keit, Barmher - zig - keit, Barmherzig-
tà, vi - ver la - sciate - mi per ca - ri - tà, per ca - ri - tà, per ca - ri-
cresc.
f
p
p

D. Anna.
sotto voce
Wie Le-po - rel - lo? Welch neu - e Täuschung!
Dei! Le-po - rel - lo che inganno è que-sto!
Zerl. u. D. Elv.
sotto voce
Wie Le-po - rel - lo? Welch neu - e Täuschung!
Dei! Le-po - rel - lo che inganno è que-sto!
sotto voce
Wie Le-po - rel - lo? Welch neu - e Täuschung!
Dei! Le-po - rel - lo che inganno è que-sto!
sotto voce
Wie Le-po - rel - lo? Welch neu - e Täuschung!
Dei! Le-po - rel - lo che inganno è que-sto!
keit!
tà!
tr
f
p
Le - - - - po rel - lo? Welch neu - e Täuschung!
Le - - - - po - rel - lo che inganno è que-sto!
Le - - - - po rel - lo? Welch neu - e Täuschung!
Le - - - - po rel lo che inganno è que-sto!
Le - - - - po rel - lo? Welch neu - e Täuschung!
Le - - - - po rel lo che inganno è que-sto!
Le - - - - po rel - lo? Welch neu - e Täuschung!
Le - - - - po rel lo che inganno è que-sto!

p
Stau-nen erfasst mich, was ist zu thun! O Gott, was
stu - pi - do re - sto! che mai sa - rà, che mai sa-
Stau-nen erfasst mich was ist zu thun! O Gott, was
stu - pi - do re - sto! che mai sa - rà, che mai sa-
Stau-nen erfasst mich was ist zu thun! O Gott, was
stu - pi - do re - sto! che mai sa - rà, che mai sa-
Stau-nen erfasst mich was ist zu thun!
stu - pi - do re - sto! che mai sa - rà,
ist, O Gott, was ist hier nun zu thun!
rà, che mai sa - rà! che mai sa - rà!
ist hier nun zu thun. o Gott, was ist hier nun zu thun!
rà. che mai sa - rà, che mai sa - rà! che mai sa - rà!
ist hier nun zu thun. o Gott, was ist hier nun zu thun!
rà, che mai sa - rà, che mai sa - rà! che mai sa - rà!
Hier nun zu thun. o Gott, was ist hier nun zu thun!
che mai sa - rà, che mai sa - rà! che mai sa - rà!
Molto Allegro.
Lepor.
Weh mir Ar - men, was be -
Mil - le tor - bi - di pen -
tr
f

D. Anna u. Zerl.
Welch ein Fre-vel-haft Be-gin-nen!
Mil-le tor-bi-di pen-sie-ri
D.Elv.
Welch ein Fre-velhaft Be-gin-nen!
Mil-le tor-bi-di pen-sie-ri
D.Ott.
Welch ein Fre-vel-haft Be-gin-nen!
Mil-le tor-bi-di pen-sie-ri
Mas.
Welch ein Fre-velhaft Be-gin-nen!
Mil-le tor-bi-di pen-sie-ri
Lepor.
gin-nen? Könnt' ich
sie-ri mi s'ag-
f
p
tr
Wie soll Fassung ich ge-win-nen?
mi s'ag-gi-ran per la te-sta.
Wie soll Fass-ung ich ge-win-nen?
mi s'ag-gi-ran per la te-sta.
Wie soll Fassung ich ge-win-nen?
mi s'ag-gi-ran per la te-sta.
Wie soll Fass-ung ich ge-win-nen?
mi s'ag-gi-ran per la te-sta.
nur von hier ent-rin-nen
gi-ran per la te-sta,
Weh mir Armen, was be-
Mil-le tor-bi-di pen-

ginnen, könnt' ich nur von hier ent-rinnen; rett' ich mich aus den Ge-fah-ren, hat's ein Wunder nur voll-
sie-ri mi sag-gi-ran per la te-sta se mi salvo in tal tem-pe-sta è un prodigio in ve-ri-
cresc.
f
D. Anna u. Zerl.
Neu- - e Fre-vel an je- - dem Ta-ge, an je- dem
Che gior-na-ta, o stel- - le, è que-sta, o stel- - le, è
D. Elv.
Neu- - e Fre-vel an je- - dem Ta-ge, an je- dem
Che gior-na-ta, o stel- - le, è que-sta, o stel- - le, è
D. Ott.
Neu- - e Fre-vel an je- - dem Ta-ge, an je- - dem
Che gior-na-ta, o stel- - le, è que-sta, o stel- - le, è
Mas.
Neu- - e Fre-vel an je- - dem Ta-ge, an je- - dem
Che gior-na-ta, o stel- - le, è que-sta, o stel- - le, è
Lepor.
bracht. Hat ein Wun-der es nur voll-bracht
tà. è un pro-di-gio in ve-ri-tà,
fz
Ta-ge!
que-sta!
Ta-ge!
que-sta!
Ta-ge!
que-sta!
Ta-ge!
que-sta!
rett' ich heut' mich aus den Ge-fah-ren, hat ein Wunder es nur voll-
se mi sal-vo in tal tem-pe-sta è un pro-di-gio in ve-ri-
p
f
p
p
f
p

bracht, rett' ich mich aus den Ge - fah-ren,hat's ein Wunder nur vollbracht, hat's ein Wun - der
tà è un pro-di-gio in ve-ri - tà, in ve-ri-tà in ve-ri - tà, è un pro - di-gio in
f
fz
D. Anna u. Zerl.
sotto voce
Neu - es Un - heil je - - -
Che im - pen - - sa - ta no - - -
D. Elv.
sotto voce
Neu - es Un - heil je - - -
Che im - pen - - sa - ta no - - -
D. Ott.
sotto voce
Neu - es Un - heil je - - -
Che im - pen - - sa - ta no - - -
Mas.
sotto voce
Neu - es Un - heil je - - -
Che im - pen - - sa - ta no - - -
Lepor.
nur voll - bracht. Weh mir Ar-men was be - ginnen?
ve - ri - tà! Mil - le tor-bi-di pen - sie-ri
fp
p
de Nacht! Neu - - es Un -
vi - - tà! che im - - pen-sa -
de Nacht! Neu - - es Un -
vi - - tà! che im - - pen-sa -
de Nacht! Neu - - es Un -
vi - - tà! che im - - pen-sa -
de Nacht! Neu - - es Un -
vi - - tà! che im - - pen-sa -
Könnt' ich nur von hier ent - rin - nen! Rett' ich heut' mich aus den Ge -
mi s'ag - gi - ran per la te - sta! se mi sal - ro in tal tem -

- - heil neu - es Un - heil je - - de Nacht.
Zerl. - tà, che im - pen sa - ta no - - ri - tà!
- heil neu - es Un - heil je - de Nacht.
- - tà, che im - pen - sa - ta no - - ri - tà!
- heil neu - es Un - heil je - de Nacht. Neu - es
- - tà, che im - pen - sa - ta no - - ri - tà! che im - pen -
- - heil neu - es Un - heil je - de Nacht. Neu - es
- - tà, che im - pen - sa - ta no - - ri - tà! che im - pen -
- - heil neu - es Un - heil je - de Nacht. Neu - es
- - tà, che im - pen - sa - ta no - - ri - tà! che im - pen -
fah - ren, hat ein Wun - der es nur voll - bracht,
pe - sta, è un pro - di - gio in ve - ri - tà!
je - - de Nacht welch ein fre - vel - haft Be - gin - nen,
no - - - ri - - tà! Mil - le tor - bi - di pen - sie - ri
Neu - es Un - heil je - de Nacht. Welch ein
che impen sa - ta no - ri - tà! Mil - le
Un - heil je - - de Nacht welch ein fre - - vel - - haft Be -
sa - ta no - - ri - - tà! Mil - le mil - - le tor - bi -
Un - heil je - - de Nacht welch ein fre - vel - haft Be - gin - nen
sa - ta no - - ri - - tà! Mil - le tor - bi - di pen - sie - ri
Un - heil je - - de Nacht. Welch ein
sa - ta no - - ri - - tà! Mil - le
hat's ein Wunder nur vollbracht.
è un pro - digio in ve - ri - tà!

wie soll Fas-sung ich ge - win-nen!
mi s'ag - gi - ran per la te - sta.
fre-vel-haft Be - gin-nen, wie soll
tor-bi - di pen - sie-ri mi s'ag -
gin - nen, wie soll Fas - sung Fas - sung
di pen - sie - ri mi s'ag - gi - ran
wie soll Fas-sung ich ge - win-nen?
mi s'ag - gi-ran per la te - sta.
fre-vel-haft Be - gin-nen, wie soll
tor-bi - di pen - sie-ri mi s'ag -
Fas-sung ich ge - win-nen?
gi - ran per la te sta
ich ge - win-nen?
per la te - sta.
Fas-sung ich ge - win-nen?
gi - ran per la te - sta.
Weh mir Ar-men, was be - gin-nen, könnt' ich nur von hier ent-
Mil - le tor-bi - di pen-sie-ri mi s'ag-gi-ran per la
p

rin-nen; rett' ich mich aus den Ge-fah-ren hat's ein Wun-der nur voll-bracht.
te-sta se mi sal-vo in tal tem-pe-sta, è un pro-di-gio in ve-ri-tà
cresc.
f
Neu- -e Fre-vel an je- -dem Ta-ge, an je- -dem Tage!
Che gior-na-ta, o stel- -le, è que-sta o stel- -le, è questa!
Neu- -e Fre-vel an je- -dem Ta-ge, an je- -dem Tage!
Che gior-na-ta, o stel- -le, è que-sta o stel- -le, è questa!
Neu- -e Fre-vel an je- -dem Ta-ge, an je- -dem Tage!
Che gior-na-ta, o stel- -le, è que-sta o stel- -le, è questa!
Neu- -e Fre-vel an je- -dem Ta-ge, an je- -dem Tage!
Che gior-na-ta, o stel- -le, è que-sta o stel- -le, è questa!
Hat ein Wun-der es nur voll-bracht rett' ich
è un pro-di-gio in ve-ri-tà, se mi
fz
fz
p
Lepor.
heut' mich aus den Ge-fahren, hat ein Wunder es nur vollbracht, rett' ich mich aus den Ge-
sal-vo in tal tem-pe-sta è un pro-di-gio in ve-ri-tà, è un pro-di-gio in ve-ri-
p
f
p
f
p
f
fah-ren, hat's ein Wun-der nur voll-bracht, hat's ein Wun-der nur voll- -
tà, in ve-ri-tà in ve-ri-tà, è un pro-di-gio in ve-ri- -
fz
fp
fp

sotto voce
Neu - es Un - heil je - de Nacht!
Che im - pen - sa - ta no - ri - tà!
Neu - es Un - heil je - de Nacht!
Che im - pen - sa - ta no - ri - tà!
Neu - es Un - heil je - de Nacht!
Che im - pen - sa - ta no - ri - tà!
Neu - es Un - heil je - de Nacht!
Che im - pen - sa - ta no - ri - tà!
bracht. Weh mir Armen, was be - ginnen? Könnt' ich
tà! Mil - le tor - bi - di pen - sie - ri mi s'ag.
p
p
Neu - es Un - heil neu - es
che im - pen - sa - ta, che im - pen-
Neu - es Un - heil neu - es
che im - pen - sa - ta, che im - pen-
Neu - es Un - heil neu - es
che im - pen - sa - ta, che im - pen-
Neu - es Un - heil neu - es
che im - pen sa - ta, che im - pen-
nur von hier ent - rin - nen! Rett' ich heut mich aus den Ge - fah - ren hat ein
gi - ran per la te - sta se mi sal - vo in tal tem - pe - sta, è un pro-

Un - heil je - - de Nacht!
sa - ta no - - ri - tà,
Un - heil je - - de Nacht!
sa - ta no - - ri - tà,
Un - heil je - - de Nacht!
sa - ta no - - ri - tà.
Neu - es Un - heil
che im - pen - - sa - ta
Un - heil je - - de Nacht!
sa - ta no - - ri - tà.
Neu - es Un - heil
che im - pen - - sa - ta
Un - heil je - - de Nacht!
sa - ta no - - ri - tà,
Neu - es Un - heil
che im - pen - - sa - ta
Wun - der es nur voll - bracht!
di - gio in re - ri - tà!
je - - de Nacht, neu - es Un - heil je - de
no - - ri - tà, che im - pen - sa - ta no - vi -
Neu - es Un - heil je - de Nacht neu - es Un - heil je - de Nacht,
Che im - pen - sa - ta no - ri - tà, che im - pen - sa - ta no - vi - tà
je - - de Nacht, neu - es Un - - heil
no - - ri - - tà, che im - pen - sa - - - ta
je - - de Nacht, neu - - es Un - - heil
no - - ri - - tà, che im - - pen - - sa - - ta
je - - de Nacht, neu - es Un - - heil
no - - ri - - tà, che im - pen - - sa - - ta
hat's ein Wunder nur voll - bracht, hat's ein Wun - - der, ein
è un pro - di - gio in re - ri - tà è un - pro - di - - gio in

Nacht, neu - es Un - heil je - de
tà, che im - pen - sa - ta no - ri -
neu - es Un - heil je - de
che im - pen - sa - ta, no - ri -
je - de Nacht, je - de
no - ri - tà, no - ri -
je - de Nacht, je - de
no - ri - tà, no - ri -
je - de Nacht, je - de
no - ri - tà. no - ri -
Wun - der nur voll - bracht es nur voll -
re - ri - tà in re - ri -
Nacht, neu - e Fre - vel je - den Tag, neu - es
tà, che im - pen - sa - ta no - ri - tà, che im - pen -
Nacht, neu - e Fre - vel je - den Tag, neu - es
tà, che im - pen - sa - ta no - ri - tà, che im - pen -
Nacht, neu - e Fre - vel je - den Tag, neu - es
tà, che im - pen - sa - ta no - ri - tà, che im - pen -
Nacht, neu - e Fre - vel je - den Tag, neu - es
tà, che im - pen - sa - ta no - ri - tà, che im - pen -
Nacht, neu - e Fre - vel je - den Tag, neu - es
tà, che im - pen - sa - ta no - ri - tà, che im - pen -
bracht. Hett' ich mich aus der Ge - fahr, hat's ein
tà, è un pro - di - gio in re - ri - tà, è un pro -

Un - heil je - de Nacht. neu - es Un - heil. neu -
sa - ta no - ri - tà, che im - pen - sa - ta, che im -
Un - heil je - de Nacht, neu - es Un - heil. neu-es
sa - ta no - ri - tà, che im - pen - sa - ta, che impen-
Un - heil je - de Nacht, neu - es Un - heil, neu -
sa - ta no - ri - tà, che im - pen - sa - ta, che im -
Un - heil je - de Nacht, neu - es Un - heil.
sa - ta no - ri - tà, che im - pen - sa - ta,
Un - heil je - de Nacht, neu - es Un - heil,
sa - ta no - ri - tà, che im - pen - sa - ta,
Wun - der nur voll - bracht, ja ein Wun - der,
di - gio in re - ri - tà, è un pro - di - gio,
es Un - heil je - de Nacht, neu - e
pen - sa - ta no - ri - tà, che im - pen -
Un - heil je - de Nacht, neu - e
sa - ta no - ri - tà, che im - pen -
es Un - heil je - de Nacht, neu - e
pen - sa - ta no - ri - tà, che im - pen -
neu - es Un - heil je - de Nacht, neu - e
che im - pen sa - ta no - ri - tà, che im - pen -
neu - es Un - heil je - de Nacht, neu - e
che im - pen - sa - ta no - ri - tà, che im - pen -
hats ein Wun -
è un pro - di -

Fre - vel je - den Tag neu - es Un - heil je - de
sa - ta no - ri - tà, che im - pen - sa - ta no - ri -
Fre - vel je - den Tag neu - es Un - heil je - de
sa - ta no - ri - tà, che im - pen - sa - ta no - ri -
Fre - vel je - den Tag neu - es Un - heil je - de
sa - ta no - ri - tà, che im - pen - sa - ta no - ri -
Fre - vel je - den Tag neu - es Un - heil je - de
sa - ta no - ri - tà, che im - pen - sa - ta no - ri -
Fre - vel je - den Tag neu - es Un - heil je - de
sa - ta no - ri - tà, che im - pen - sa - ta no - ri -
- der nur voll - bracht hats ein Wun - - - der nur voll -
- gio in ve - ri - tà, è un pro - di - - - gio in ve - ri -
Nacht, neu - es Un - heil je - de Nacht!
tà, che im - pen - sa - ta no - ri - tà!
Nacht, neu - es Un - heil je - de Nacht!
tà, che im - pen - sa - ta no - ri - tà!
Nacht, neu - es Un - heil je - de Nacht!
tà, che im - pen - sa - ta no - ri - tà!
Nacht, neu - es Un - heil je - de Nacht!
tà, che im - pen - sa - ta no - ri - tà!
Nacht, neu - es Un - heil je - de Nacht!
tà, che im - pen - sa - ta no - ri - tà!
bracht, hat's ein Wun - - - der nur voll - bracht.
tà, è un pro - di - - - gio in ve - ri - tà!
(Donna Anna geht ab mit den Dienern.)

NEUNTE SCENE.

Recit.

Zerl.
Al-so du bist der Schuft, der die-sen A-bend mir Ma-set-to so ü-bel zu-ge-
Dunque quel-lo sei tu che il mio Ma-set-to po-co fa cru-del-men-te mal-tra-
rich-tet?
ta-sti?
D. Elv.
Al-so du hast so schänd-lich mich be-tro-gen, da
Dun-que tu m'in-gan-na-sti, o scel-le-ra-to, spac-
du für mei-nen Gat-ten dich aus-gabst?
cian-do-ti con me da Don Gio-van-ni?
D. Ott.
Du al-so kamst ver-klei-det in die-ses Haus zu neu-en Mis-se-tha-ten?
Dun-que tu in que-sti pan-ni ve-ni-sti quà per qual-che tra-di-men-to?
D. Elv.
An mir ist's ihn zu stra-fen.
A me toc-ca pu-nir-lo.
Zerl.
Nein, an mir.
Anzi a me.
D. Ott.
Nein, nein, an mir.
No, no, a me.
Mas.
Al-so schla-gen wir vie-re ihn todt!
Ac-cop-pa-te-lo me-co tut-ti tre.

Nº 20. Arie.

Nº 20. Aria.

ich bin schuld-los, das ist klar. Helft, o Don-na
l'in-no-cen-za mi ru-bò. Donn'El-vi-ra!
aus der Noth mir! Helft, o Don-na!
com-pa-ti-te! com-pa-ti-te!
Wisst ja sel-ber, wie es war, wisst ja sel-ber wisst ja
Voi ca-pi-te co-me an-dò, voi ca-pi-te, voi ca-
(zu Zerlina)
sel-ber, wisst ja sel-ber, wie es war. Von Ma-set-to weiss ich gar nichts, von Ma-
pi-te, voi ca-pi-te come an-dò! Di Ma-set-to non so nul-la, non so
set-to, von Ma-set-to weiss ich gar nichts! Die-se Da-me, die-se Da-me.
nul-la, nul-la, nul-la, nul-la, nul-la, vel di-rà que-sta fan-ciul-la.
f
p
tr

wird dir be-zeu-gen, dass wir Bei-de seit zwei Stun-den
que-sta fan-ciul-la è un' o-ret-to cir-cum-cir-ca,
ganz al-lein und un-ge-sehn, still ver-
che con lei gi-ran-do ro, che con
(zu Octavio)
gnügt spa-zie-ren gehn. Euch, lie-ber Her-re
lei gi-ran-do ro. A voi, Si-gno-re,
sag' ich kein Wörtlein... ich fand durch Zu-fall hier die-ses
non di-co niente cer-to ti-mo-re cer-to acci-
Pfört-lein da draussen Licht-schein, doch hier kein Licht-lein ich fühl-te Schauer die
den-te, di fuo-ri chia-ro, di den-tro oscu-ro, non c'è ri-pa-ro... la
fp
mf
p

Pfor-te, die Mau-er, dies — Eck — hier schien ein Ver-
por-ta, il mu-ro, lo... il... la... vo da quel
p mf p mf
p quasi trillo
mf p mf p
steck mir, so wi-der Wil-len bald da, bald
la-to, poi qui ce-la-to, l'af-far si
sf sf
dort... da bald dort.
sa, oh si sa!
dacht — ich im Stil-len o wär' ich fort, — o wär' ich fort —
Ma — sio sa-pe-ra, fug-gia per quà. — fug-gia per quà, —
pp mf p mf
(läuft fort)
— o wär' ich fort, — o wär' ich fort!
— fug-gia per quà, — fug-gia per quà!
p mf p mfp mfp mfp mfp

ZEHNTE SCENE.

Recit.

D.Elv.
Mas.
Zerl.
Hal - te, Schänd - li - cher hal - te! Der läuft, als hätt' er Flü - gel. Wie der Schur - ke
Fer - ma, per - fi - do, fer - ma! Il bir - bo ha l'a - li ai pie - di... Con qual ar - te
D.Ott.
uns so schlau ent - wischt ist! Hört mich ihr Freun - de! Nach so schwe - ren Ver -
si sot - tras - se l'i - ni - quo... A - mi - ci mi - ei, do - po ec - ces - si sie -
bre - chen zweifl' ich län - ger nicht mehr, dass Don Ju - an der ver - ruch - te
nor - mi, du - bi - tar non pos - siam che Don Gio - van - ni non sia l'em - pio ucci -
Mör - der von Don - na An - na's Va - ter. In die - sem Hau - se weilt nur
so - re del pa - dre di Donn' An - na In que - sta ca - sa per po -
we - ni - ge Stun - den noch; sei - nem Rich - ter wird nim - mer er ent - rin - nen; in kur - zer
che o - re fer - ma - te - vi, un ri - cor - so vo' far a chi si de - ve, e in pocch' i -
Zeit wird der Fre - vel be - straft sein. So ver - langt es die Pflicht, das Mit - leid, die Lie - be.
stan - ti, ven - di - car - vi pro - met - to co - sì vuo - le do - ver, pie - ta - de, af - fet - to.

Nº 21. Arie. Nº 21. Aria.

Andante grazioso.
D. Ottavio.
Fol-get der Heissge - lieb - ten und
Il mio te-so-ro in-tan - to an-
sagt ihr, was Trost ihr brin-gen kann. Trocknet die Thränen-
da - te, an-da - - - te a con-so-lar e del bel ciglio il
flu - then, und nehmt euch ih - rer an. O trö - stet die Theu - re und
pian - to cer-ca - te di-a-sciu-gar, cer-ca - te, cer-ca - te, cer-
nehmt euch ih - rer an, und nehmt
ca - te di-a - sciu-gar, cer-ca-

der Theuren euch an!
te di a - sciu - gar.
Dann erst wenn dem Ver - bre - cher Lohn sei-ner That ge - wor - den, der
Di - te - le chei suoi tor - ti a ren - di - car io ra - do, a
Lohn der That ge - - wor - den, als Rich - ter und als
ren - di - car io ra - do, che sol di stra - gie
Rä - cher werd' ich ihr wie - der nahn, werd'
mor - ti nun - zio rogl'io tor - nar, nun -
ich ihr wie - der nahn, ja werd' ich ihr wie - der nahn.
zio rogl'io tor - nar, sì, nun - zio rogl'io tor - nar.
cresc.
fp
cresc.

Fol-get der Heissge - lieb - ten und sagt ihr, was
Il mio te-so-ro in-tan - to an-da - te, an-
Trost ihr brin-gen kann! trock-net die Thränen flu - then o
da - - - - tea con - so - lar e del bel ciglio il pian - to cer-
nehmt euch ih - rer an, o trö - stet die Theu - re und nehmt euch
ca - te di a - sciu - gar cer - ca - - te, cer - ca - - te, cer - ca - - te
ih - - rer an, und nehmt
dia - - sciu - gar, cer - ca -

der Theuren euch an! Dann erst wenn dem Ver-
te di a - sciu-gar. Di-te-le che i suoi
bre - cher Lohn sei-ner That ge-wor-den,
tor - ti a ven-di-car io va - do.
Lohn seiner That ge - wor -
a ven-di-car io va -
den, als Rich - ter und als Rä - cher
do, che sol di stra - gie mor - ti
werd' ich ihr wie - der nahn
nun - zio vogl'io tor - nar
f
p
cresc.
fp

dann erst werd' ich ihr wie - der
nun - zio nun - zio vogl' io tor -
nahn, als Rich-ter und als Rä - cher
nar, che sol di stra-gi e mor - ti
m. d.
m. d.
werd' ich ihr wie-der nahn, ja werd' ich ihr wie-der
nun-zio vogl' io tor - nar, sì, nun - zio vogl'io tor-
(Alle ab.)
nahn.
nar.
(Verwandlung.)

ELFTE SCENE. *Geschlossene Kirchhofs-Halle. Verschiedene Reiterstatuen; die Statue des Comthurs.*

Recit. D. Juan.
Ha, ha, ha, ha! Ganz vor-trefflich! Nun mögen sie mich suchen. Welch' schöne Mondnacht! fast so
Ah, ah, ah, ah! que-sta è buo-na or lascia-la cer-car. Che bel-la not-te è più
fp
hell wie am Ta-ge, wie ge-schaf-fen für A-ben-teu-er auf Jagd nach schö-nen
chia-ra del gior-no; sem-bra fat-ta per gir a zon-zo a cac-cia di rag-
(sieht auf die Uhr.)
Mädchen. Wie spät ist's? Zwei vol-le Stunden noch bis Mitternacht. Ich möch-te wohl ger-ne er-
gaz-ze. È tar-di? Oh, ancor non so-no due del-la not-te; a-vrei voglia un po' di sa-
fahren wie Le-po-rel-lo die Sache mit El-vi-ra be-endigt! Wenn der Schlingel gescheit war...
per com'è fi-ni-to l'af-far tra Le-po-rel-lo e Donn'El-vi-ra. S'egli ha avu-to giu-di-zio...
Lepor.
D. Juan.
Gott sei Dank! Ei, das lief noch ziemlich gut ab! Da ist er. He, Le-po-rel-lo!
Al-fin vuo-le ch'io faccia un pre-ci-pi-zio. È des-so. Oh Le-po-rel-lo!
Lepor.
D. Juan.
Lepor.
D. Juan.
Wer ruft mich? Kennst du nicht deinen Herrn? Ich wollt', ich kennt' ihn nicht! Wie, du
Chi mi chia-ma? Non co-nosci il pa-dron? Co-sì nol co-no-sces-si! Co-me

Lepor.
D. Juan.
Lepor.
Schur-ke? Ihr seid es. Herr? Ver - zeiht mir! Nun, wie ging es? An Eu-rer
bir - bo? Ah! sie - te voi? scu - sa - te. Co - sa è sta - to? Per ca-gion
D. Juan.
Statt wurd' ich bei-nah er-schlagen. Nun, die-se grosse Eh-re wusstest du doch zu
ro-stra io fui qua-si accop - pa - to. Eh - ben, non e - ra que-sto un o - no - re per
Lepor.
D. Juan.
schätzen? Nein Herr, ich danke. Schon gut, schon gut! Komm her! Die schönsten Sachen erzähl' ich
te? Si-gnor, vel do-no. Via, via, vien quà. vien quà. Che bel - le co-se ti deggio
Lepor.
D. Juan.
dir! Doch was bracht' Euch hier-her? Komm her - ein. dann sollst du's wis - sen. Ver-
dir. Ma, co - sa fa - te qui? Vien den-tro, e lo sa-prai. Di-
schied'ne A - ben-teu-er. die ich glücklich be - standen. seit wir schieden. sollst du spä - ter er-
ver - se sto - ri - el - le, che acca - du - te mi son dacchè par - ti - sti, ti di-rò un' al - tra
Lepor.
D. Juan.
fah - ren. a - ber das schönste will ich gleich dir er - zäh - len. Wie-der mit Frauen? Na-
vol - ta: or la più bel - la ti vo' so - lo nar - rar. Donnesca al cer - to. C'è

tür-lich! Ein junges Mäd-chen. frisch und schön wie der Tag, be-geg-net mir auf der
dub-bio? U-na fan-ciul-la bel-la, gio-vin, ga-lan-te per la strada in-con-
Stra-sse; ich folg' ihr ei-lig und fas-se ih-re Hand- sie will ent-flie-hen.
tra-i, le va-do appres-so. la pren-do per la man, fug-gir mi vuo-le
Lepor. D. Juan. Lep.
ich sag' ihr ein paar Worte, und sie, sie hält mich. rathe für wen? Weiss es nicht. Für Leporello. Für
di-co po-che pa-ro-le, el-la mi pi-glia sai per chi? Non lo so. Per Leporello. Per
D. Juan. Lepor. D. Juan. Lepor. D. Juan.
mich? Für dich. Vor-trefflich! Und nun drückt sie mir zärtlich die Hände... Ei, immer besser! Sie um-
me? Per te. Va be-ne. Per la ma-no essa allo-ra mi prende... An-co-ra meglio. M'ac-ca-
armt mich, sie küsst mich: Mein lie-ber Lepo-rel-lo! Lepo-rel-lo, mein Al-les... Es war kein Zweifel,
rez-za, m'abbrac-cia. Ca-ro il mio Lepo-rel-lo! Lepo-rel-lo mio ca-ro Allor m'accor-si
Lepor. D. Juan.
es war eins dei-ner Schätzchen. Oh, al-le Teu-fel! Ich be-nü-tze den Irr-thum
ch'e-ra qual-che tua bel-la. Oh, ma-le-det-to! Dell' in-gan-no appro-fit-to:

doch als sie end-lich mich er - kann - te, schrie sie. es ka-men Leu - te,
non so co - me mi ri - co - no - sce, gri - da, sen-to gen - te,
ei-lig sucht' ich den Rückzug und schwang be - hen-de mich her-ab dort ü-ber je-ne
a fug-gi - re mi met - to, e, pron - to, pronto perquel mu-ret-to in questo lo-co io
Lepor.
D.Juan.
Lepor.
Mauer. Und dies Al - les er - zäh - let Ihr mir mit sol-chem Gleichmuth? Warum nicht? Ei, ge-
monto. E mi di - te la co - sa con tan-ta indif - fe - ren - za? Per-chè no? Ma se
D.Juan (lacht laut auf).
Adagio in tempo.
Comthur.
setzt, mei-ne Frau wär' es ge - we-sen? De-sto bes-ser! Dein La - chen wird ver-
fos - se co-stei sta - ta mia mo-glie? Meglio anco - ra! Di ri - der fi - ni-
(auf der Bühne.)
Recit.
D.Juan (zu Lepor.).
Lepor.
gehn, e - he der Tag graut! Wer sprach hier? Ach, ge-wiss war es ein
rai pria dell' au - ro - ra! Chi ha par - la - to? Ah, qualche a - ni - ma sa -
(im Orchester.)
p

D. Juan.
Geist aus andern Wel-ten, der Euch ganz ge-nau kennt. Schweige Dummkopf! Wer ist
rà dell' al-tro mon-do che ri co-nosce a fon-do. Ta-ci, scioc-co! Chi va
Adagio in tempo.
Comthur.
da? Wer ist da? Ver-weg-ner, ent-wei-che gön-ne Ru-he den Tod-
là? chi va là? Ri-bal-do! au-da-ce lascia a'mor-ti la pa-
(auf der Bühne.)
Recit.
Lepor.
D. Juan.
ten! Sagt ichs nicht? Mir scheint, ein Toll-kopf draussen macht sich ü-ber uns
ce! Ve lho det-to? Sa-rà qual-cun di fuo-ri, che si bur-la di
(im Orchester.)
p trem.
lustig. Ei, ist das nicht das Standbild unsers wackern Com-thures? Ge-he hin und lies mir die
noi. Eh! del Commen-da-to-re non è questa la statua? Leggi un poco quella i-scri-
Lepor.
D. Juan.
Inschrift! Entschuldigt... so weit hab ichs noch nicht gebracht, bei Mondenschein zu le-sen. Auf, ge-
zion. Scu-sa-te... non ho impa-ra-to a leg-ge-re a' rag-gi del-la lu-na. Leg-gi,

Lepor. (liest)
horche! Ich war-te hier der Ra-che an jenem Bu-ben, der mir das Le-ben
di-co. Dell' em-pio, che mi tras-se al passo e-stre-mo, qui atten-do la ven-
D. Juan.
raub-te... Vernahmt Ihr's? Ich be-be! Der al-te Possen-rei-sser! Sag' ihm, dass ich noch
det-ta... U-di-ste? io tre-mo! Oh, vecchio buf-fo-nissimo! Di-gli che que-sta
fp
Lepor.
heute zum Nachtmahl ihn er-war-te. Un-er-hört! Doch mir scheint... o Himmel, seht nur, wie so
se-ra l'at-ten-do a ce-nar me-co. Che pazzia! ma ci par. Oh Dei, mi-ra-te che ter-
fp
drohend er auf uns Bei-de blickt! Er scheint le-bend, scheint zu fühlen, und scheint
ri-bi-li occhia-te egli ci dà! par vi-vo! par che sen-ta, e che
D. Juan.
sprechen zu wollen! Wohlan, mach' vorwärts, sonst bring' ich dich um und be-gra-be dich gleich
vo-glia par-lar! Or-sù, va là, o qui t'am-mazzo e poi ti sep-pel-
Lepor.
hier. Nur ge-mach, gnäd'ger Herr, ich will ge-hor-chen!
li-sco Pia-no, pia-no! Si-gno-re o-ra ub-bi-di-sco!
fp
p

Nº 22. Duett. Nº 22. Duetto.

Allegro.
Lepor.
O hoch-geschätz-te Sta-tu-e des grossen Herrn Com-thures. Weh mir! die Kniee schlottern, ich kann nicht, o Herr verschonet mich!
O sta-tua gen-ti-lis-sima del gran Com-men-da-to-re. Pa-dron! mi trema il co-re, non pos-so, non pos-so ter-mi-nar.
D. Juan.
Ge-horche mir und voll-en-de, sonst lehrt's mein Degen dich, sonst lehrt's mein Degen dich!
Fi-ni-scila, o nel pet-to ti met-to questo acciar, ti met-to questo acciar.
Lepor.
Wie gottlos, wie ver-we-gen!
Che im-piccio, che ca-priccio!
D. Juan.
Der Spass kommt mir ge-legen.
Che gu-sto che spasset-to!
Lepor.
Zu Eis er-starrt mein Blut, zu Eis er-starrt mein Blut. O
io sen-to-mi ge-lar. io sen-to-mi ge-lar! O
D. Juan.
Ich ken-ne sei-nen Muth, ich ken-ne sei-nen Muth.
Io vo-glio far tre-mar, io vo-glio far tre-mar,
f
p
cresc.
fp

hoch - geschätz-te Sta - tu-e. ob-schon in Stein ge-hauen-Gnädger Herr, o Ent-
sta - tue gen - ti-lis - si-ma, ben-chè di mar - mo siate. Ah pa-dron, padron
setzen, o Grauen, ach seht nur, wie finster schaut er drein, wie finster schaut er
mi - o! mi-ra-te, mi - ra - te! che se-gui-ta a guar-dar, che se-gui-ta a guar-
cresc.
D. Juan.
Lepor.
drein! Stirb denn, stirb denn! Nein, nein, jetzt soll es werden, war - tet,
dar. Mo - ri, mo - ri! No, no, no, no,atten-de-te, at - ten-
f
p
war - tet! Mein Herr, den dort Ihr
de - te! Si - gnor, il pa-dron
se - het, nicht ich, dass Ihr's ver-
mi - o bu - da - te ben non

ste - het... lädt
i - o... vor -
Euch zur Ta-fel ein. Weh mir, weh._das ist entsetzlich,weh mir, weh._das ist ent-
rio con voi ce - nar. Ah, ah, ah!_che scena è questa! ah, ah, ah!_che sce-na è
D. Juan.
Welch al-ber-nes Ge-
Va là, che se'un buf-
setz - lich, o Gott, ich sah ihn ni - cken!
que - sta! o ciel! chi - nò la te - sta.
Lepor.
bahren, du bist ein rechter Narre, bist ein Narre, bist ein Narre! O seht nur, o
fo - ne, va là, che se'un buf-fo-ne, un buf-fo-ne, un buf-fo-ne. Guar-da-te, guar-
cresc.
D. Juan.
seht nur, Ich bitt' Euch,seht nur selber! Was ist denn da zu sehen,sprich,was ist denn da zu
da - te, guarda-te ancor pa - dro-ne! E che deggio guardar, degg'io guardar, deggio guar-
cresc.

Lepor.
sehn? Mit seinem Marmor-kopfe verneig-te er sich so!
dar? Col-la mar-mo-rea testa ei fa co-sì, co-sì.
f
p
mf p
D. Juan.
Mit sei-nem Mar-mor-kopfe verneig-te er sich so!
Col-la mar-mo-rea testa ei fa co-sì, co-sì.
Lepor.
Mit sei-nem Mar-mor-kopfe verneig-te er sich so!
Col-la mar-mo-rea testa ei fa co-sì, co-sì.
f p
D. Juan (zur Statue)
Wohl-an denn.
Par-la-te!
gieb mir Antwort! Kommst du zur Tafel? Kommst du zur
Se po-te-te: Ver-rete a ce-na? ver-re-te a
f

D. Juan.
Comthur.
D. Juan.
Tafel? Ja! Welch' tol - les A - ben-
cena? Sì! Bi - zarra è in-cer - ta
Lepor.
Weh mir ist nicht ge - heu - er, nur
Mo - - - - - vermi pos - so ap - pe - na, mi
teu - er, der gu - te Al - te kommt selbst zur
sce - na, ver - rà il buon vec - chio, il buon vec - - chio a
ist nicht recht ge - heu - er, der Geist kommt selbst zur
man - ca, o Dei, la le - na! mi man - ca, o Dei la
Ta - fel! Dass wir sie gut be -
ce - na. A pre - pa - rar - - - la an -
Ta - fel! Ach gnäd'ger Herr, Er - bar - men, lasst uns nach Hau - se
le - na! Per ca - ri - tà, par - tia - mo, per ca - ri - tà, par-
rei - ten, dass wir sie gut be - rei - ten, lass' uns nach Hau - se gehn! Er
dia - mo, a prepa - rar - la an - dia - mo, par - tia - mo via di qui! Biz -
gehen, mir ist nicht recht ge - heu - er, o lasst uns nach Hau - se gehn! Mir ist nicht recht ge -
tiamo, an - diamo via di qui, an - diamo andiamo via di qui! per ca - ri - tà, par -
fp
fp

will zur Ta - fel kom - men, ich sel - ber hab's ver -
zur - ra è in - ver la sce - na, ver - rà il buon vec - chio a
heuer, lasst uns nach Hause gehn. mir ist nicht recht ge - heu - er, lasst uns nach Hause
tia - mo, an - dia - mo via di qui, per ca - ri - tà, par - tia - mo, an - dia - mo via di
nom - men. Dass wir sie gut be - rei - ten, lass uns nach Hause
ce - na. A pre - pa - rar - la an - dia - mo par - tia - mo via di
gehn, lasst uns nach Hause gehn! Lasst uns nach Hause ge - hen, o lasst uns nach Hause
qui, an - dia - mo via di qui, an - dia - mo via di qui an - diamo, andiamo via di
gehn, lass' uns nach Han - se gehn!
qui, par - tia - mo via di qui.
ge - hen, o lasst uns nach Hause gehn, lasst uns gehn, lasst uns gehn, lasst uns nach
qui, an - diamo andiamo via di qui, via di qui, via di qui, di qui, di
Han - - se gehn!
qui, di qui.
gehn ab.
pp
(Verwandlung.)

ZWÖLFTE SCENE.

Recitativ. *Zimmer in D. Anna's Hause.*

D. Oct.
Auf, trö-ste dich, o Theure! Bald wird die Strafe den Verbrecher er-ei-len, und wir Al-le
Cal-ma-te-vi,i-dol mi-o; di quel ri-bal-do vedrem puni-ti in bre-ve i gra-vi eccessi:
fp
D. Anna.
D. Oct.
werden endlich gerächt. Mein Va-ter, o Himmel! O beuge dich in Demuth dem
ven-di-ca-ti sa-rem. Ma il pa-dre, o Di-o! Con-vien chi-na-re il ci-glio al vo-
Wil-len des Herrn! Sei standhaft, Ge-lieb-te! Al-les was du ver-lo-ren, kann schon
le-re del ciel. Re-spi-ra, o ca-ra! di tua per-di-ta a-ma-ra fia do-
mor-gen ich treulich dir er-setzen; die-ses Herz, meine Hand hier, meine zärt-li-che
ma-ni, se vuoi dol-ce com-pen-so que-sto cor, que-sta ma-no, che il mio te-ne-ro a-
D. Anna.
D. Oct.
Lie-be... O Gott, was ver-langst du? In so trau-ri-ger Stunde! Weh mir! Ver-
mor... Oh Dei! che di-te? in si tri-sti mo-men-ti. E che vor-
möch-test du durch neu-e Ver-zög-rung mein Lei-den noch zu meh-ren? Wie
re-sti con in-du-gi no-vel-li ac-cre-scer le mie pe-ne? cru-

Nº 23. Recitativ und Arie. Nº 23. Recitativo ed Aria.

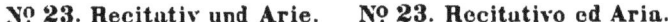

Recitativ.
D. Anna.
grausam! Ich grausam? O nein, Ge-lieb-ter!
de-le! Cru-de-le? Ah no, mio be-ne!
Larghetto.
Risoluto.
Schwer wird's auch mir zu verzö-gern ein Glück, das schon so lange unsre
Trop-po mi spiace allontanarti un ben, che lun-gamente la nostr'
Her-zen ersehnen; doch denke, die
al-ma de-si-a. Ma il mondo, oh
Sit-te! Theu-rer, eh-re das Empfinden ei-nes
Di-o! non se-dur la mia costan-za del sen-
todtwunden Herzens! Immerdar bleibt mein Herz treu dir er-geben!
si-bil mio co-re; ab-bastan-za per te mi par-la a-more

Larghetto.
sotto voce
dolce
Sag' mir nicht, o
Non mi dir bell'
Heiss - ge - lieb - ter, mein Ver - zögern sei Grau - samkeit!
i - - dol mi - o, che son i - o cru - del con te:
Ja du weisst es, dass ich dich lie - be dass mein
tu ben sa - i quant' io t'a - ma - i, tu co -
Leben dir ge - weiht, dass mein Le - ben dir ge -
no - sci la mia fè. tu co - no - sci la mia
weiht.
fè.
Theu - rer
Cal - ma,

lass' dein zärtlich Drängen, dass vor
cal - ma il tuo tor - mento. se di
Leid ich nicht ver - ge - he, dass vor Leid ich nicht ver - ge - he, ich nicht ver-
duol non vuoi ch'io mo - ra, se di duol non vuoi ch'io mo - ra, non vuoi ch'io
ge - he! Sag' mir nicht, o Heiss - ge - lieb - ter,
mo - ra. Non mi dir bell' i - - dol mi - o
mein Ver - - zögern sei Grau - sam - keit! Lass' o
che son i - o cru - del con te; cal - - ma,
Freund, lass' dein zärtlich Drän - gen, dass vor Leid ich
cal - ma il tuo tor - men - to, se di duol non
mf
fz
p
f

nicht ver-ge-he, vor Leid ver-ge - - he!
vuoi ch'io mo-ra, non vuoi ch'io mo - - ra!
Rondo.
Allegretto moderato.
Lass', o lass' mich hof-fen,
For - - se, for-se un giorno il
dass dem Stur-me fol - ge kla-rer Sonnen-schein, ja Son-nen-
cie-lo an - co - ra sen - - ti - rà, sen-ti-rà pie-tà di
schein Lass mich hoffen, dass nach dem Sturme fol-ge kla - - - - - -
me! forse un giorno il cie-lo an-co-ra sen-ti-rà

rer Son - nen - schein, dass dem Sturm fol - ge
pie - tà di me, sen - ti - rà pie -
kla - rer Son - nen - schein, kla - rer,
tà pie - tà di me, sen - ti -
kla - rer Sonnenschein, lass mich hoffen, dass fol - ge dem Sturme
rà - pie - tà di me, for - se, forse il cie - lo un giorno
sf
p

kla - - rer, kla - - rer Son - - nen-schein, fol - ge
sen - - ti - rà pie - tà di me, sen - ti -
fp
fp fp
kla - rer Son-nen - schein, kla - - rer Sonnen - schein.
rà pie-tà di me, pie - - tà, pie-tà di me.
(geht ab.)
fp fp p
cresc.
f
Recitativ.
D. Oct.
Ach, ich folg' ih - ren Schritten, ich will ge - treu die Lei-den mit ihr
Ah! si se-gua il suo pas - so: io vo' con lei di - vi - de-rei mar -
thei-len schneller wird dann die Zeit die Schmer-zen ihr hei-len!
ti - ri: sa-ran me - co men gra - vi i suoi so - spi - ri.
(geht ab.)
Verwandlung.

Nº 24. Finale.

DREIZEHNTE SCENE.

Allegro vivace.

zu Leporello.
Lep.
Wei - sen spie - let mir! Leporel - lo trag die Speisen auf! Euch zu
vo - glio di - ver - tir. Leporel - lo, presto in ta - vo - la! Son pron-
cresc.
f p
die - nen bin ich hier. Euch zu die - nen bin ich
tis - simo a ser - vir, son pron - tis - simo a ser -
D. Juan.
hier. Macht Mu - sik, ihr lie - ben Leu - te frohe Wei - sen spie - let
vir. Già che spen - do i miei da - na - ri, io mi vo - glio di - ver -
f p cresc. f p cresc.
mir! Fürstlich will ich euch be - lohnen, fürstlich will ich euch be -
tir. Voi suo - na - te, a - mi - ci ca - ri! già che spen - do i miei da -
f p
loh - nen, fro - he Wei - sen spie - let mir, fro - he Wei - sen spie - let
na - ri, io mi vo - glio di - ver - tir, io mi vo - glio di - ver -
cresc.

Allegretto.
mir!
tir.
(Musik auf dem Theater.)
Lepor.
Bra - vo! „Co - sa ra - ra!“
Bra - vi! Co - sa ra - ra!
D. Juan.
Wie be - hagt dir die - se
Che ti par del bel con -
Wei - se?
cer - to?
Lepor.
Wie ge - macht, wie ge - macht zu Eu - rem
È con - for - me, è con - for - me al vo - stro
D. Juan.
Prei - se. Die - se Schüssel ist vor - trefflich, die - se Schüssel ist vor - trefflich, ganz vor - trefflich, ganz vor -
mer - to. Ah che piat - to sa - po - ri - to! ah che piat - to sa - po - ri - to! ah che piat - to sa - po.

Lepor.
trefflich, Er ist gut bei Ap-pe - ti - te!
ri - to! Ah che bar-baro ap-pe - ti - to!
p
Was sind das für Rie-sen - bis - sen, und vor Hun-ger sterb ich schier, und vor
Che boc - co - ni da gi - gan - te, mi par pro-prio di sve - nir, mi par
D. Juan.
Hun-ger sterb ich hier. Wie er mich voll Neid be - trach-tet, er ver - geht noch vor Be -
pro-prio di sve - nir. Nel ve - der i miei boc - co - ni gli par pro-prio di sve -
pp
f
p
Lepor.
gier, er ver - geht noch vor Be - gier. Er ist gut bei Ap - pe -
nir. gli par pro-prio di sve - nir! Ah, che bar-baro ap-pe -
f
p
cresc.
f
p
sf
p
D. Juan.
ti - te, was sind das für Rie-sen - bis - sen! Wie er mich voll Neid be-trach-tet er ver-
ti - to, che boc - co - ni da gi - gan - te! Nel ve - der i miei boc - co - ni gli par
sf
p
sf
p
sf
p

Lepor.
D. Juan.
geht noch, er ver-geht vor Be-gier! Er ist gut bei Ap-pe-ti-te! Ja, er
pro-prio di sve-nir, di sve-nir, Ah, che bar-baro ap-pe-ti-to! gli par
f
p
Lepor.
D. Juan.
schmauste gern mit mir. Was sind das für Rie-sen-bis-sen, ja er schmauste gern mit
pro-prio di sve-nir, Che boc-co-ni da gi-gan-te! gli par pro-prio di sve-
f
p
mir, er ver-geht noch vor Be-gier, er ver-geht noch vor Be-gier.
nir, gli par pro-prio di sve-nir, gli par pro-prio di sve-nir!
und vor Hun-ger sterb' ich schier, und vor Hun-ger sterb' ich schier!
Mi par pro-prio di sve-nir, par par pro-prio di sve-nir!
(Im Orchester.)
p
D. Juan.
Allegretto.
Tel-ler! Zu die-nen!
Piat-to! Ser-vo!
(Auf dem Theater.)
f
Lepor.
D. Juan.
Wie heisst doch die al-te O-per? Schenk mir
Ev-vi-van-oi li-ti gan-ti Ver-sa il

Wein ein!
ri - no!
Ex - cel - len - ter Mar - zi - mi - no!
Ec - cel - len - te mar - zi - mi - no!
Lepor.
Vom Fa - san hier die - sen Schlegel bring' ich sach-te, sach-te, sach-te,
Que - sto pez - zo di fa - gia - no, pia - - no, pia - no, pia - no, pia - no,
sachte aus-ser Sicht.
pia - no, co'inghiot - tir.
D. Juan.
Ei, wie mäs-tet sich der Fle-gel, und er
Sta man - gian - do quel mar - ra - no! fin - ge -
glaubt, ich merk es nicht.
rò di non ca - pir
(Im Orchester.)

Lepor.
Die Mu-sik kommt mir äusserst be-kannt vor!
Que-sta poi la co-no-sco pur trop po!
(Auf dem Theater.)
D. Juan.
Le - po -
Le - po -
rel-lo!
rel-lo!
Lepor.
Euch zu die-nen,
Pa - dron mi - o!
D. Juan.
Kerl, was
Par-la
steckt dir in der Keh-le, in der Keh-le?
schiet-to, parla schietto, mascal - zo - ne.
Lepor.
Ha-be Schnu-pfen, ha - be Hu-sten, mit dem
Non mi la - scia una flus-sio - ne le pa -
Spre - chen will's nicht gehn, mit dem Spre - chen will's nicht gehn.
ro - le pro - fe rir, le pa ro - le pro - fe - rir.
D. Juan.
Nun, so
Mentre io
cresc.

Lepor.
D. Juan.
pfei - fe, kürz die Zeit mir! Kann es nicht! Wa-rum?
man - gio, fischia un po - co. Non so far. Cos' è?
cresc.
Lepor.
Ver-zeiht mir, ver-zeiht mir! Eu-er Koch sucht sei-nes Glei - chen, Eu-er
Scu - sa - te, scu - sa - te! si eccel-len-te è 'l vo-stro cuo - co, si eccel -
f
p
Koch sucht seines Gleichen, seines Glei - chen; der Ver-füh-rung musst ich weichen, konnte nimmer wi - der-
len - te, si eccellente el vostro cuo - co, che lo vol-li anch'io pro - var; che lo vol - li anch'io pro
mfp
D. Juan.
Ja, mein Koch sucht sei-nes Glei-chen, ihm kann Kei - ner wi - der -
Si eccel - lente è il cuo-co mi - o, che lo vol - le an-ch'ei pro -
stehn!
var.
Konn-te nim-mer, konnte nimmer wider -
Si eccel-len-te, che lo vol-li anch'io pro -
mfp
p

VIERZEHNTE SCENE.

D. Juan.
Lohn. Stau-nen er-fasst mich, sag, was be-gehrst du? Sag, was be-gehrst du?
cè. Mi ma-ra-vi-glio! Co-sa vo-le-te? co-sa vo-le-te?
f p f p f p
Doch wenn du knie-est, knie-e auch ich, knie-e auch ich!
Se non sor-ge-te, non re-sto in piè, non re-sto in piè!
D. Elv.
Ach, du ver-
Ah, non de-
cresc. f p
spottest mich lachst meiner Thränen!
ri-de-re gli affan-ni mie-i!
D. Juan.
Wie, ich ver-höhnte dich?
Io te de-ri-de-re?
Lepor.
Ach sie er-presst mir noch bit-te-re Thrä-nen
Qua-si da pian-ge-re mi fa co-ste-i,
D. Elv.
Ach, du ver-höh-nest mich
Ah, non de-ri-de-re!
D. Juan.
Wie ich ver-hön-te dich?
Io te de-ri-de-re?
D. Elv.
Ach du ver-
Ah, non de-
Lepor.
Ach, sie er-presst mir noch
qua-si da pian-ge-re
tr

D. Juan.
spot-test mich! Nein, wahrlich nein! Was soll ich Theure?
ri - de - re! Cie - lo, per - chè? Che vuoi, mio be - ne?
bit - - - te - re Thränen!
mi fa co ste - i.
cresc.
p
D. Elv.
D. Juan.
D. Elv.
Ent - sag der Sün - de! Bra - vo! Ha,
Che vi - - - ta can - gi. Bra - va! Cor
fp
D. Elv.
D. Juan.
D. Elv.
Schändli - cher! Bra - vo! Ha, Schänd - li - cher, ha Schänd - - -
per - fi - do! Bra - va! Cor per - fi - do, cor per - - -
f
D. Juan.
- li - cher! Jetzt lass' mich es - sen, jetzt
fi do! La - scia ch'io man - gi; la -
lass' mich es - sen! Wenn's dir be - lie - bet,
scia ch'io man - gi, e, se ti pia - ce
mf
(M. s.)

D. Elv.
spei-se mit mir Nun, so ver - sin - ke denn ganz in dem Pfuh - le,
man-gia con me! Re - sta - ti, bar - ba - ro! nel lez - zo im - mon - do!
Wenn ih - re Kla - gen ihn noch nicht
Se non si muo - ve del suo do -
f
p
D. Juan.
blei - be ein Vor - bild der Ruch - lo - sig - keit! Mädchen und Reben nur würzen das
e - sem - pio or - ri - bi - le d'i - ni - qui - tà! Vi - van le femmi - ne! Vi - va il buon
rüh - ren dann ist sein Herz so hart wie Stein.
lo - re di sasso ha il co - re, o cor non ha!
cresc.
f p
Le - ben, sie sind das Herrlichste auf die - ser Welt, sie sind das Herrlichste auf dieser
vi - no! so - ste - gno, glo - ri - a d'u - ma - ni - tà, so - ste - gno, glo - ri - a d'u - ma - ni -
cresc.
f
p
D. Elv.
Nun so ver - sin - ke denn ganz in dem Pfuh - le.
Re - sta - ti, barba - ro! nel lez - zo im - mon - do,
Welt. Mädchen und Re - ben nur
tà! Vi - van le fem - mi - ne!
Lepor.
Wenn ih - re Kla - gen ihn
Se non si muo - ve del
fp
p

nun so ver-sin-ke denn ganz in dem Pfuh-le. blei - - -
re - sta - ti, bar - ba - ro! nel lez - zo im - mon - do! e - - - -
würzen das Le-ben, Mäd-chen und Re-ben nur wür-zen das Le-ben, denn
Vi-vo il buon vi - no! vi - van le fem-mi-ne, vi - va il buon vi - no! so -
noch nicht rüh-ren, von Stein ist sein Herz dann, dann
suo do - lo - re, di sas - - so ha il co - re, di
be ein Vor-bild der Ruchlo-sig - keit.
sem - pio or - ri - bi - le d'i - ni - qui - tà
sie sind das Herr-lich-ste auf die-ser Welt!
ste-gno e glo - ri - a d'u-ma-ni - tà
sie sind das Herrlichste
so-stegno, glo - ri - a
ist sein Herz so hart wie Stein,
sas - so ha il co - re, o cor non ha;
cresc.
blei-be ein Vor-bild der Ruchlosig - keit! Nun, so ver-sink'
e sempio or - ri - bi - le d'i - niqui - tà, d'i - ni-qui - tà,
auf die-ser Welt, sie sind das Herrlichste auf die-ser Welt, auf die-ser Welt,
d'u-ma-ni - tà, so-steg - no, glo - ri - a d'u-ma - ni - tà, d'u - ma - ni - tà,
dann hat ein Herz er hart wie von Stein, hart wie von Stein,
di sasso ha il co - re, o cor non ha! o cor non ha,
M.S.

ganz in dem Pfuhl, blei-be ein Vor-bild der Ruch-lo-sig-keit!
d'i-ni-qui-tà e-sempio or-ri-bi-le d'i-ni-qui-tà
auf die-ser Welt, euch lass ich le-ben, euch Wei-ber und Wein!
d'u-ma-ni-tà, so steg-no, glo-ri-a d'u-ma-ni-tà!
hart wie von Stein, dann ist sein Herz so hart wie Stein!
o cor non ha, di sasso ha il co-re o cor non ha!
p cresc. f fp
D. Elv.
(geht ab)
Ach!
Ah!
f p f p f p sfp
D. Juan.
Was war das für ein Schreien? Was war das? Was war das für ein
Che gri-do è que-sto ma-i che gri-do? che gri-do è que-sto
Lepor.
Was war das für ein Schreien, was war das für ein
Che gri-do è questo ma-i! che gri-do è que-sto
p cresc. f
Schreien? Geh hi-naus und sieh nach, was es wohl sein mag!
ma-i? va a ve-der, va a ve-der che cosa è sta-to!
Schreien?
ma-i?
p fp fp fp

Lepor.
D. Juan.
Ach! Zum Teu-fel die-ses Schreien! Zum Teu-fel dieses
Ah! Che gri-do in-dia-vo-la-to! che gri-do indiavo-
fp
sfp
p
cresc.
Schreien! Le-po-rel-lo, sag, was giebt's? Sag, was giebt's? Sag, was giebt's?
la-to! Le-po-rel-lo, che cos' è? che cos' è? che cos' è?
f
p
Molto Allegro.
Lep.
Gnäd'-ger Herr! O Schreck und Graus, gehet ja nicht dort hin-aus,
Ah! Si-gnor! per ca-ri-tà! non an-da-te fuor di quà!
p
'sist der weisse Mann von Stei-ne ach, wie schlottern mir
L'uom di sas-so l'uo-mo bianco, ah! pa-dro-ne! io
Ar-me und Bei-ne! Hättet ihr ihn nur ge-se-hen, seinen schweren Tritt ge-hört: Tap,
ge-lo, io man-co. Se ve-de-ste, che fi-gu-ra se sen-ti-ste, co-me fa: ta,

D. Juan.
Lep.
D Juan.
tap,tap, tap! Wer kann dies Gewäsch ver-stehen! Tap, tap,tap, tap! Furcht und Wein hat dich be-
ta, ta, ta! Non ca-pi-sco niente af-fat-to! Ta, ta, ta, ta! Tu sei matto in ve-ri-
cresc.
f
p
cresc.
(Man hört klopfen.)
Lep.
D. Juan.
thört, hat dich be-thört, hat dich be-thört!
tà, in ve-ri-tà, in ve-ri-tà.
Hört Ihr's klo-pfen! Nun, man
Ah sen-ti-te! Qual-cun
f
p
tr
3 2 1 4 3 2 1
Lep.
D. Juan.
Lep.
klo-pfet.
bat-te!
Oeffne! Ich be-be.
Apri! Io tre-mo.
Oeffne, sag'ich.
A-pri, di-co!
Ach!
Ah!
p
f
D. Juan.
Lep.
D. Juan.
Oeffne!
A-pri!
Ach!
Ah!
Memme! Dies Gaukelspiel zu enden, will ich selbst zu öff-nen
Mat-to! Per to-gliermi d'in-tri-co ad a-prir io stesso an-
p
f
p
Lep.
gehn, ich selbst will gehn. Nun mach'ich mich still bei Seite, will den Herren nicht mehr
drò, io stes-so an-drò. Non co' più ve-der l'a-mi-co: pian pia-nin m'as-con-de-
cresc.
f
p

FÜNFZEHNTE SCENE.

Andante.
Comthur.
sehn, ihn nicht mehr sehn.
rò, m'asconderò.
Deine Ladung
Don Giovanni
hab' ich vernommen und zum Nachtmahl bin ich gekommen.
a cenar teco m'invitasti! e son venuto.
D. Juan.
Nimmer hätt' ich Euch erwartet, doch willkommen heiss' ich
Non l'avrei giammai creduto; ma farò quel che potrò.
Euch. Leporello, her geschwinde, lass aufs Neu' die Tafel decken!
Leporello! un'altra cena! fa che subito si porti!
Lep.
Gnäd'ger Herr, gnäd'ger Herr, bin halb todt vor Angst und Schrecken!
Ah! padron, ah! padron, ah! padron! siam tutti morti.
D. Juan.
Auf gehorche!
Vanne, dico!
Comthur.
Nein, bleibe hier!
Ferma un po'!
ff
ten.
M.S.
cresc.

Leicht des ir-dischen Mah-les ent-beh - - - - - ret, wer von himm-lischen
Non si pas-ce di ci - bo mor-ta - - - - - le chi si pas-ce di
f p
Spei - sen sich näh - ret. An - - - - - - dre
ci - bo ce - le - ste. Al - - - - - - tre
f p cresc. p
Wün - - - - sche und hö - - - - he - - - - re
cu - - - - re più gra - - - - vi di
cresc. p cresc. p
Sor - - - - gen rie - - - - fen
que - - - - ste, al - - - - tra
cresc. p cresc. p
heu - - - - - te her-ab
bra - - - - - ma quag-giù
cresc. p cresc. p

D. Juan.
mich zu dir! Nun, so
mi gui - - dò. Par - - la
Lep.
Wie vom Fie-ber, so werd'ich ge -
La ter - za - na d'a - ve - re mi
cresc.
p
re - - de, was willst du, was
dun - - que! che chie - di? che
schüttelt, al - le Glieder er - zit - tern an mir wie vom Fie - ber, so werd'ich ge -
sem - bra, e le membra fer - mar più non so, la ter - za - na d'a - ve - re mi
willst du?
vuo - - i?
Comthur.
Hör' mei - ne Wor - te, nur
Par - lo, a - scol - - ta! più
schüttelt, al - le Glieder er - zit - tern an mir.
sem - bra e le membre fer - mar più non so.
kurz hab' ich Zeit.
tem - po non ho.
D. Juan.
Re - de, re - de, du siehst mich be -
Par - la, par - la, a - scol - tan - - do - - ti
Al - le Glie - der er - zit - tern an
E le membra fer - mar più non

D. Juan.
reit.
sto.
Com.
Hör' mei - - ne Wor - - - te, nur
Par - - - lo, a - scol - - - ta più
Lep.
mir: wie vom Fie-ber, so werd' ich ge - schüttelt, wie vom Fie-ber, so werd' ich ge -
so: la ter - za - na d'a - re - re mi sembra, la ter - za - na d'a - re - re mi
cresc.
p
cresc.
p
kurz hab' ich Zeit.
tem - - - po non ho.
D. Juan.
Re - de, re - de! du
Par - la, par - la, a - scol -
schüttelt, al - le Glie - der er - zittern an mir.
sembra, e le membra fer - mar più non so.
cresc.
p
siehst mich be - reit.
tan - do - ti sto.
Comthur.
Du ludest mich zum Mah - le;
Tu m'invi - ta - sti a ce - na,
pp
fp
cre -
weisst du nun, was dir zie - met?
il tuo do - ver or sa - i.
Gieb Ant - wort
Ri - spon - di -
scen - do
f p
cresc.
f
p

mir, gieb Ant - wort mir: wirst mein Mahl auch du nun
mi, ri - spon - di - mi; cer - ra - i tu a ce - nar
f p cre - scen - do p
thei - len?
me - co?
D. Juan.
Wer hätte wohl im
A torto di vil-
Lep.
Entschuldigt Euch, sagt, dass Ihr keine Zeit habt!
Oi - bò, oi - bò! tem - po non ha, scu - sa - te.
Le - ben je - mals mich feig ge - sehn?
ta - te toc - ca - to mai sa - rò!
Comthur.
Ent - schliess'
Ri - sol - - -
f p
D. Juan.
dich! Ich bin entschlossen!
vi? Ho già ri - sol - to.
Comthur.
So kommst du?
Ver - ra - - i?
f p
D. Juan.
Noch
Ho
Lep.
O saget nein, o saget nein!
Di - te di no, di - te di no!
f

nie — hab'ich ge-zit-tert, ich fürch-te Nichts drum sei's.
fer - moil co-re in pet - to. Non ho ti-mor: ver - rò!
D. Juan. Più stretto.
Nimm sie denn! O weh! Wie kalt fasst sie mich
Ec-co-la! Ohimè! Che ge-lo è questo
Comthur.
Reich mir die Hand zum Pfan - de. Wohlan?
Dam-mi la ma-no in pe - gno! Cos' hai?
Più stretto.
an! Nicht
mai! No,
Oeff - ne dein Herz der Reu-e, dir schlug die letz-te Stun-de!
Pen - ti-ti, can-gia vi-ta: e l'ul-ti-mo mo-men-to!
cresc.
kenn' ich Buss und Reu-e, he - be dich weg von hier!
no ch'io non mi pen-to. Van - ne lon-tan da me!

D. Juan.
Comthur.
Beug' dei-nen Sinn, Ver-ruchter!
Pen-ti-ti, scel-le-ra-to!
Nein, nein, du thörger Al-ter!
No, vecchio infa-tu-a-to!
Bess're dich!
Pen-ti-ti!
Nein!
No!
Bess're dich!
Pen-ti-ti!
Nein!
No!
Ja!
Si!
Nein!
No!
Ja!
Si!
Nein!
No!
Ja!
Si!
Ja!
Si!
Nein! Nein!
No! No!
Comthur.
Jetzt naht dein Straf-ge-
Ah tem-po più non

Allegro.
D. Juan.
(Er versinkt. Feuersgluth von verschiedenen Seiten und Donnerrollen.)
richt. Welch un-gewohn-tes Angstgefühl fes-selt und lähmt die
vè! Da qual tremo - re in - so - li - to. sen-to assa - lir gli
Sin - ne mir, Ge - wit-tersturm um-brau-set mich und wil - - den
spi - ri-ti! don - de esco-no quei vor - ti-ci di fo - - co
Feu - ers Gluth.
pien' d'or-ror!
Unsichtbarer Chor.
Furchtbar sind dei - ne Sün - - - den,
Tut-ta tue col-pe è po - - - co!
M.S.
D. Juan.
Was fol - tert so die See - le mir. was
Chi l'a - ni-ma mi la - ce-ra! Chi
Lep.
Wie be - - ben ihm die
Che cef - - fo di - spe -
schlimm' - res noch har - ret dein!
Vie - - ni! c'è un mal peg - gior!
cresc.

tobt inal-len A-dernmir? Ich füh-le Höl-len-qua-len. O
m'a-gita le ri-sce-re! Che strazio,oimè,che sma-nia! Che in-
Glie-der. ver-zwei-felnd sinkt er nie-der: sein angst-er-füll-ter
ra-to! Che ge-sti da dan-na-to! che gri-di, che la-
grauenvol-le Pein! Was
fer-no,che ter-ror! Chi
Jammer flösst mir Entse-tzen ein, Ent-se-tzen ein.
menti! co-me mifa ter-ror, mi fa ter-ror!
Chor.
Furchtbarsinddei-ne
Tut-to a tue col-pe è
fol-tertso die See-le mir. was tobt inal-len
l'a-ni-ma mi la-ce-ra! Chi m'a-gi-ta le
Wie be-ben ihm die Glie-der. wer
Che cef-fo di-spe-ra-to! Che
Sün-den! Schlimm'-resnochhar-ret dein!
po-co! Vie-ni,c'èunmal peg-gior!
f
M.S.
fz
fz
fz fz

A-dern mir? Ich füh - le Höl - len-qua - len! Ach!
ri - sce-re! che stra - zio, oimè, che sma - nia! Ah!
zwei - felnd sinkt er nie-der, sein angst - er - füll - ter Jam-mer, sein
ge - sti da dan - na - to! che gri - di, che la - men - ti! che
O Qua - len! Höl - len-pein!
Che in - fer - no! che ter - ror!
angst - er - füll - ter Jammer flösst mir Entse - tzen ein!
gri - di che la - men - ti! co - me mi fa ter - ror!
Schlimm - res, schlimm - res, schlimmres noch har - ret
Vie - ni, Vie - ni, vie - ni, c'è un mal peg -
(D. Juan wird von den Flammen verschlungen.) Lep.
Ach! Ach!
Ah! Ah!
dein!
gior!
sf
p
f
p
cresc.
f

LETZTE SCENE.

Allegro assai.
Donna Anna.
Wo ist der Schänd - li-che? Wo der Ver-
Ah! dov' è il per - fi-do? dov' è l'in-
Donna Elvira.
Wo ist der Schänd - li-che? Wo der Ver-
Ah! dov' è il per - fi-do? dov' è l'in-
Zerlina.
Wo ist der Schänd - li-che? Wo der Ver-
Ah! dov' è il per - fi-do? dov' è l'in-
Don Octavio.
Wo ist der Schänd - li-che? Wo der Ver-
Ah! dov' è il per - fi-do? dov' è l'in-
Masetto.
Wo ist der Schänd - li-che? Wo der Ver-
Ah! dov' è il per - fi-do? dov' è l'in-
Allegro assai.
f
brecher? Hier stehn die Rächer für ihn be - reit, für ihn be - reit.
de-gno? Tut-to il mio sde-gno sfo-gar io vo! sfo - gar io vo!
mfp

D. Anna.
Ja, wenn ge-fes-selt er vor mir sich win-det
So - lo mi-ran-do-lo stret - to in ca-te-ne
p mfp
mfp
mfp
dann erst entschwin - det mein tief-stes Leid.
al-le mie pe - ne cal - ma da-rò.
Lep.
Ach, den ihr su-chet,
Più non spe-ra-te
fin-det ihr nimmer, ihr seid auf im-mer von ihm be-freit, von ihm be-
di ri-tro-var-lo, più non cer-ca-te lon-ta-no an-dò, lon-ta-no an-
D. Anna.
Wie-so? Er-zäh-le! Re-de, er-zäh-le re-
Cos' è fa-vel-la! cos' è fa-vel-la. Via
D. Elv.
Wie-so? Er-zäh-le! Re-de, er-zäh-le re-
Cos' è fa-vel-la! cos' è fa-vel-la. Via
Zerl.
Wie-so? Er-zäh-le! Re-de, er-zäh-le re-
Cos' è fa-vel-la! cos' è fa-vel-la. Via
D. Oct.
Wie-so? Er-zäh-le! Re-de, er-zäh-le re-
Cos' è fa-vel-la! cos' è fa-vel-la. Via
Mas.
Wie-so? Er-zäh-le! Re-de, er-zäh-le re-
Cos' è fa-vel-la! cos' è fa-vel-la. Via
Lep.
freit. Da stand ein Rie-se, da stand ein Rie-se
dò. Ven-ne un co-los-so, venne un co-los-so
f p f p f

de, er - zäh-le doch, re-de, er - zäh-le doch!
pre - sto, sbri-ga-ti. via pre-sto sbri-ga-ti!
doch, ach, ich kann nicht, weh mir, ich kann nicht, die Stimme
Ma se non pos-so, ma se non pos-so, ma se non
p
f
p
Re-de, er-zäh-le, re-de doch!
Pre-sto fa-rel-la, sbri-ga-ti.
stockt mir, ich kann nicht weiter, ich kann nicht weiter.
pos-so, ma se non pos-so, ma se non pos-so
Hier schlugen
Tra fumo e
f
p

Lep.
Flammen, war-tet, ich bit-te prasselnd zu-sammen. Der Mann von Stei-ne.
fo-co. bu-da-te un po-co.... l'uo-mo di sas-so.... fer-ma-te il pas-so....
sf
p
Hier oh-ne Gna-de packt'er ihn gra-de, hier ward der Frev-ler vom Teu-fel ge-
giu-sto là sot-to diede il gran bot-to, giu-sto là il dia-co-lo sel' tran-gu-
cresc.
D. Anna.
Was muss ich hö-ren?
Stel-le, che sen-to!
D. Elv.
Was muss ich hö-ren? Das
Stel-le, che sen-to! Ah,
Zerl.
Was muss ich hö-ren?
Stel-le, che sen-to!
D. Oct.
Was muss ich hö-ren?
Stel-le, che sen-to!
Mas.
Was muss ich hö-ren?
Stel-le, che sen-to!
Lep.
holt. Ich kanns be-schwören.
giò. Ve-ro è l'e-ven-to.
p
f
p
cresc.
f
p

Das war der Schat - ten, den sie ge - sehn.
Ah, cer - to è l'om - bra, che l'in-con - trò,
war der Schat - - ten, das war der Schatten,
cer - to è l'om - - bra, ah, cer - to è l'om-bra,
Das war der Schatten,
Ah, cer - to è l'om-bra,
Das war der Schatten,
Ah, cer - to è l'om-bra,
Mas.
Das
Ah,
Das war der Schat - - ten, den sie ge-
Ah, cer - to è l'om - - bra che l'in - con-
das war der Schat - - ten, den ich ge-
Ah, cer - to è l'om - - bra che m'in - con-
das war der Schat - ten, den sie ge-
Ah, cer - to è l'om - - bra che l'in - con-
das war der Schat - - ten, den sie ge-
Ah, cer - to è l'om - - bra che l'in - con-
war der Schat - - ten, der Schat - ten den sie ge-
cer - to è l'om - - bra, è l'om - - bra che l'in - con-

sehn, das war er, der Schatten, das war, das war der Schat -
trò, ah, cer-to è l'ombra, ah, cer - to, cer - to è lom -
sehn, das war er, der Schatten, das war er, das
trò, ah, cer-to è l'ombra, ah, cer-to ah,
sehn, das war er, der Schatten, das war, das war der Schat -
trò, ah, cer-to è l'ombra, ah, cer - to, certo è lom -
sehn, das war er, der Schatten, das war er, der Schat - ten,
trò, ah, cer-to è l'ombra, ah, cer-to è lom - bra
sehn, das war er, der Schatten, das war der Schat -
trò, ah, cer-to è l'ombra, ah, cer - to è lom -
ten, den sie ge - sehn!
bra che l'in - - con - trò.
war der Schatten, den ich ge - sehn!
cer - to è l'om-bra che m'in-con - trò.
ten, den sie ge - sehn!
bra che l'in - - con - trò.
den sie ge - sehn!
che l'in - - con - trò.
ten, den sie ge - sehn!
bra che l'in - - con - trò.
cresc.
f
Ped.

Larghetto.
D. Oct.
Da der Himmel, o du mein Le-ben, uns-re Drangsal selber rächte, end'auch
Or che tut-ti, o mio te-so-ro. ven-di-ca-ti siam dal cie-lo, por-gi,
p
du nun dein Wi-der-stre-ben, und er-hör' mein hei-sses Flehn!
por-gi a me un ri-sto-ro, non mi far lan-gui-re an-cor.
D. Anna.
Gön-ne
Lascia, o
Ru-be noch meinen Schmerzen, lass ein Jahr vor-ü-ber gehn!
ca-ro, un anno an-co-ra al-lo sfo-go del mio cor.
cresc.
Du nur lebst in mei-nem Her-zen,
Al de-sio di chi m'a-do-ra
D. Oct.
Du nur lebst in mei-nem Her-zen, mei-ne Treue wird be-
Al de-sio di chi t'a-do-ra ce-der de-ve un fi-do a-
p

mei - - ne Treu-e wird be - stehn, mei-ne Treu-e, mei-ne Treu - e wird be -
ce - - der de-ve un fi - do a - mor, ce - der de - ve, ce - der de - ve un fi - do a -
stehn, mei-ne Treu-e, mei-ne Treu - e wird be -
mor, ce - der de - ve, ce - der de - ve un fi - do a -
stehn. Du nur lebst in mei-nen Her - zen,
mor. Al de - sio di chi m'a - do - ra
stehn.
mor.
Du nur lebst in mei-nem
Al de - sio di chi t'a -
mei - ne Treue wird be - stehn, mei-ne Treue wird be -
ce - der de - ve un fi - do a - mor, ce - der de - ve ce - der
Her - zen mei - ne Treue wird be - stehn, mei-ne Treue wird be -
do - ra, ce - der de - ve un fi - do a - mor, ce - der de - ve ce - der
stehn, ja sie wird be - stehn, die
de - ve un fi - do a - mor. un
stehn, ja sie wird be - stehn, die
de - ve un fi - do a - mor. un

D. Anna.
Treu - e wird be - stehn.
fi - do un fi - do a - mor.
D. Elv.
In des Klosters heil'gen Mau-ern hoff mein Leid ich zu ver-
Io men va-do in un ri - ti - ro a fi - nir la vi - ta
D. Oct.
Treu - e wird be - stehn.
fi - do un fi - do a - mor.
D. Elv.
ges - sen.
mi - a.
Zerl.
Wir, mein Schatz, gehn Arm in Ar - me froh nach Haus zum A - bend-
Noi, Ma - set - to, a ca - sa an - dia - mo a ce - nar in com - pa -
Mas.
Wir, mein Schatz, gehn Arm in Ar - me froh nach Haus zum A - bend-
Noi, Zer - li - na, a ca - sa an - dia - mo a ce - nar in com - pa -
Zerl.
es-sen.
gni-a.
In der Höl - le tiefstem
Re-sti dunque quel bir-
Mas.
es-sen.
gni-a.
In der Höl - le tiefstem
Re-sti dunque quel bir-
Lep.
Ei - nen bessern Herrn zu suchen, will ich jetzt in's Wirthshaus gehn. In der Höl - le tiefstem
Ed io vado all'o - ste - ri - a a tro - var padron mi - glior. Re-sti dunque quel bir-

Schlund wird des Frevlers Wohnung sein, wird des Frev - lers Wohn - ung sein,
bon, con Pro - ser - pina e Plu - ton, con Pro - ser - pi - na e Plu - ton.
Schlund wird des Frevlers Wohnung sein, wird des Frev - lers Wohn - ung sein,
bon, con Pro - ser - pina e Plu - ton, con Pro - ser - pi - na e Plu - ton.
Schlund wird des Frevlers Wohnung sein, wird des Frev - lers Wohn - ung sein,
bon, con Pro - ser - pina e Plu - ton, con Pro - ser - pi - na e Plu - ton.
p
a-ber wir, ihr gu - ten Leu-te, stimmen froh zu - sam men heute in die
E noi tut - ti, o buo - na gen - te, ri - pe - tiam al - le - gra - mente l'anti -
a-ber wir, ihr gu - ten Leute, stimmen froh zu - sam men heute in die
E noi tut - ti, o buo - na gen-te, ri - pe - tiam al - le - gramen-te l'anti -
a-ber wir, ihr gu - ten Leu-te, stimmen froh zu - sam men heu-te in die
E noi tut - ti, o buo - na gen - te, ri - pe - tiam al - le - gra - men-te l'anti -
tr
tr
tr
al - te Wei - se ein, stim - men froh zusam - men heut' in die al - te Wei - se ein.
chis - si - ma can - zon, l'an - ti - chis - si - ma canzon, l'an - ti - chis - si - ma can - zon.
al - te Wei - se ein, stim - men froh zusam - men heut' in die al - te Wei - se ein.
chis - si - ma can - zon, l'an - ti - chis - si - ma canzon, l'an - ti - chis - si - ma can - zon.
al - te Wei - se ein, stim - men froh zusam - men heut' in die al - te Wei - se ein.
chis - si - ma can - zon, l'an - ti - chis - si - ma canzon, l'an - ti - chis - si - ma can - zon.

Presto.
D. Anna. sotto voce
Al so stirbt. wer Bö - ses that. wer
Que sto è il fin di chi fa mal, di
p
Bö - ses that, Bö - ses that,
chi fa mal. Que sto è il fin,
f
D. Elv.
Bö - ses that,
Que sto è il fin,
Zerl. sotto voce
Al - - so
Que sto è il
D. Oct.
Bö - ses that,
Que sto è il fin,
Mas.
Bö - ses that,
Que sto è il fin,
Lepor.
Bö - ses that,
Que sto è il fin.
tr
stirbt, wer Bö - ses that, wer Bö - ses that.
fin, di chi fa mal, di chi fa mal.

D. Anna. D. Elv.
Bö - ses that, al - so stirbt, wer Bö - ses that, wer
que - sto è il fin que - sto è il fin di chi fa mal, di
Zerl.
Bo ses that, al - so stirbt, wer Bö - ses that, wer
que-sto è il fin que - sto è il fin di chi fa mal, di
D. Oct.
Bo ses that, al - so stirbt, wer Bö - ses that, wer
que-sto è il fin que - sto è il fin di chi fa mal, di
Mas.
Al - so stirbt, wer Bö - ses that, wer
que - sto è il fin di chi fa mal, di
Lepor.
Al - so stirbt, wer Bö - ses that, wer
que - sto è il fin di chi fa mal, di
tr
Bö - ses that, wer Bö - ses that, al - so stirbt, wer
chi fa mal, di chi fa mal, que-sto è il fin di
tr

Bö - ses that, wer Bö - ses that. Ja dem
chi fa mal, di chi fa mal. E de'
Bö - ses that, wer Bö - ses that. Ja dem
chi fa mal, di chi fa mal. E de'
Bö - ses that, wer Bö - ses that. Ja dem
chi fa mal, di chi fa mal. E de'
Bö - ses that, wer Bö ses that. Ja dem
chi fa mal, di chi fa mal. E de'
Bö - ses that, wer Bö - ses that. Ja dem
chi fa mal, di chi fa mal. E de'
Sün - - der wird Ver - gel - - - -
per - - fi - di la mor - - - -
Sün - - der wird Ver - gel - - - -
per - - fi - di la mor - - - -
Sün - - der wird Ver - gel - - - -
per - - fi - di la mor - - - -
Sün - - der wird Ver - gel - - - -
per - - fi - di la mor - - - -
Sün - - der wird Ver - gel - - - -
per - - fi - di la mor - - - -

p
- tung, wenn die letz - te die
- te al - la ri - ta è
- tung, wenn die letz - te die
- te al - la ri - ta è
- tung, wenn die letz - te die
- te al - la ri - ta è
- tung, wenn die letz - te die
- te al - la ri - ta è
- tung, wenn die
- te al - la
letz - te Stun - de naht. die Stun - de naht.
sem - pre è sem - pre u - gual, è sempre u - gual!
ri - ta è sem - pre u - gual, è sempre u - gual!
tr

Ja dem Sün - der wird Ver - gel - tung. Wenn
E de' per - fi - di la mor - te al -
Ja dem Sün - der wird Ver - gel - tung. Wenn
E de' per - fi - di la mor - te al -
Ja dem Sün - der wird Ver - gel - tung. Wenn
E de' per - fi - di la mor - te al -
Ja dem Sün - der wird Ver - gel - tung. Wenn
E de' per - fi - di la mor - te al -
Ja dem Sün - der wird Ver - gel - tung.
E de' per - fi - di la mor - te

die letz - te, die letz - te Stun - de die letz - -
la vi - ta è sem - pre è sem - pre è sem - -
die letz - te, die letz - - te Stun - de
la vi - ta è sem - - pre è sem - pre
die letz - te, die letz - - te Stun - - - - -
la vi - ta è sem - - pre è sem - - - - -
p
die letz - te, die letz - - te Stun - - - - -
la vi - ta è sem - - pre è sem - - - - -
Wenn die letz - - te Stun - - - - -
al - la vi - ta è sem - - - - -
tr
- - - - - -te Stun - - - - - - - -
- - - - - -pre è sem - - - - - - - -
die Stun - - - - - - - -
è sem - - - - - - - -
- - - - - - de. die Stun - -
- - - - - -pre, è sem - -
tr

- - - - de naht, Al - so stirbt, wer Bö - ses
pre u-gual, al - la vi - ta è sem - pre u -
de naht, Al - so stirbt, wer Bö - ses
pre u - gual, al - la vi - ta è sem - pre u -
- - - - de naht, Al - so stirbt, wer Bö - ses
pre u - gual, al - la vi - ta è sem - pre u -
- - de naht, Al - so stirbt, wer Bö - ses
pre u - gual, al - la vi - ta è sem - pre u -
de naht, Al so stirbt, wer Bö - ses
pre u - gual, al - la vi - ta è sem - pre u -
that, al - so stirbt, wer Bö - ses that, wer
gual, al - la vi - ta è sem - pre u - gual, è
that, al - so stirbt, wer Bö - ses that, wer
gual, al - la vi - ta è sem - pre u - gual, è
that, al - so stirbt, wer Bö - ses that, wer
gual, al - la vi - ta è sem - pre u - gual, è
that, al - so stirbt, wer Bö - ses that, wer
gual, al - la vi - ta è sem - pre u - gual, è
that, al - so stirbt, wer Bö - ses that, wer
gual, al - la vi - ta è sem - pre u - gual, è

Ende der Oper.

Anhang

Nº 1.

Recitativ und Arie der Donna Elvira.*) **Recitativo ed Aria della Donna Elvira.*)**

Allegro assai.
D. Elvira.
In welchen Abgrund, o Himmel, in welchem Pfuhle abscheulicher Verbrechen ver-
In qua-li excessi o nu-mi in quai mis fat-ti or-ri bi-li, tremen-di è av-
sank der Unglück-sel-ge! Nein, nein, nicht
volto il scia-gu-ra-to! Ah no! non
länger wird Gottes Langmuth hemmen der Gerechtigkeit Arm.
puo-te tar-dar l'i ra del cie-lo, la giusti-zia tar-dar.
Schon seh' ich flammenden vernichtenden Blitzstrahl, ihm das Haupt zu zerschmettern
Sentir già par-mi la fa-ta-le sa-et-ta, che gli piom-ba sul ca-po!
sf
p
f

*) Siehe Seite 48.

*)
Schon seh' ich offen der Hölle grausen Schlund!
A-per-to veggio il ba-ra-tro mor-tal.
tr
p
Arme El-vira! Welch ein Kampf der Gefühle
Misera El-vi-ra! che con tras - to d'affet-ti
bewegt das Herz dir?
in sen ti na-sce!
Weshalb noch diese
Per chi questi so-
p mfp mfp
mfp mfp mfp
Seufzer,
spi-ri?
dies bange Sehnen?
e queste ambascie?
mfp mfp
mfp mfp mfp

*) Aenderung von Mozart für die Transposition der Arie nach D dur.

Schon seh' ich of-fen der Höl-le grausen Schlund
A - per-to reggio il ba - ra-tro mor-tal.
tr
p
u.s.w. einen halben Ton tiefer.

Allegretto.
Mich ver-rieth der Un-dank-ba-re, der Un - dank - ba-re, gab dem
Mi tra - dì quell'al-ma in-gra-ta, quell' al - ma in-gra-ta, in - fe -
cresc.
Jam - mer, der Schmach mich hin, gab der Schmach, dem Jam - mer mich
li - ce, o Dio! mi fa, in - fe - li - ce, o Di - o! mi
cresc.
hin, gab der Schmach, dem Jammer, der Schmach mich hin.
fa, in - fe - li - ce, o Di - o! o Dio! mi fa!
Doch ver - rathen,
Ma tra - di - ta,
von ihm ver - las - sen fühl' ich Mit - leid
e ab - ban - do - na - ta, pro - va an - cor per

noch für ihn, fühl' ich Mit - leid noch für
lui pie - tà, pro - vo an - cor per lui pie-
ihn, fühl' ich Mit - leid. Mit - leid
tà. pro - - - - vo an - cor per lui per
mfp
mfp
noch in mir für ihn! Mich verrieth der Un - dank-
lui, per lui pie - tà. Mi tra - dì quell' al - ma in-
ba - re, der Un - dank - ba - re, gab dem Jam - mer, der
gra - ta, quell' al - ma in - gra - ta. in - fe - li - ce, o
cresc.
p
cresc.
Schmach mich hin, gab der Schmach, dem Jam - mer mich hin gab der
Dio! mi fa, in - fe - li - ce, o Di - o! mi fa, in - fe-
p
mfp
sfp
mfp

Schmach, dem Jammer, der Schmach mich hin. Wenn ich
li - ce, o Di - o! o Dio! mi fa! Quan - do
sfp
den - ke al - les Leids,das ich er - fah - ren, dann entflammt die
sen - to il mio tor - men - to, il mio tor - men - to. di ven - det - ta il
Brust von Ra - che, doch er - blick' ich ihn in Ge -
cor fa - vel - la, ma se guar - do il suo ci -
fah - ren, ach, dann zagt dies schwa - che Herz,
men - to pal - pi - tan - do il cor mi ra,
ach, dann zagt
pal - pi - tan -

dies schwa - che Herz, es zagt mein
- - il cor mi va, il cor mi
Herz! Mich verrieth der Un-dank-ba-re, der Un - dank - ba-re,
va. Mi tra-di quell'al-ma in-gra-ta quell' al - ma in-gra-ta,
gab dem Jam-mer, der Schmach mich hin, gab der Schmach, dem
in - fe - li - ce, o Dio mi fa, in - fe - li - ce, o
Jam - mer mich hin, gab der Schmach dem Jammer, der Schmach mich
Di - o! mi fa, in - fe - li - ce, o Di - o, o Dio! mi
cresc.
mf
sfp
sf
p
hin. Doch ver - ra - then,
fa; ma tra - di - to,

von ihm ver-las-sen, fühl' ich Mit-leid, Mit-leid
cab - ban - - do - na-ta, pro-vo un-cor per lui pie-
ach für ihm
ta per lui
für ihm, fühl' ich Mit - leid noch für ihm,
per lui pro-vo un-cor per lui pie - tà,
fühl' ich Mit - leid noch für ihm, fühl' Mit - leid, Mit - leid
pro-vo un-cor per lui pie - tà per lui pie - tà, per
noch für ihm.
lui pie - tà.
sf
p
fz
cresc.
f

№ 2.

Arie des Don Octavio.*) Aria del Don Ottavio.*)

*) Siehe Seite 89.

Weinen! Kein Glück auf Er - den kenn' ich al - lein, kein Glück auf Er - den
mi - o; e non ho be - ne, s'el - la non l'ha, e non ho be - ne,
kenn' ich al - lein, kein Glück auf Er - den kenn' ich al - lein.
s'el - la non l'ha, e non ho be - ne, s'el la non l'ha.
Nur ih - rem Frie - den weih' ich mein Le - ben, nur ih - re Freu - de
Dal - la sua pa - ce la mia di - pen - de, quel ch'a lei pia - ce
kann Ruh' mir ge - ben seh' ich sie lei - den, sterb' ich vor Pein, sterb'
vi - ta mi ren - de, quel che le in - cre - sce mor - te mi dà, mor -

ich, sterb' ich vor Pein. Nur ihrem Frieden weih' ich mein Leben, nur ihre
-te, mor-te mi dà: dal-la sua pa-ce la mia di-pen-de, quel ch'a lei
Freude kann Ruh' mir geben, seh' ich sie leiden, sterb' ich vor Pein.
pia-ce vi-ta mi ren-de, quel che le in-cre-sce mor-te mi dà.
sterb' ich, sterb' ich vor Pein, sterb' ich vor Pein, seh' ich sie
mor-te, mor-te mi dà, mor-te mi dà, quel che le in-
leiden, sterb' ich vor Pein.
cre-sce, mor-te mi dà.
p
cresc.
mf
f
tr